自律共生型社会による
戸建住宅地管理論

温井達也・著
プレイスメイキング研究所
＋まち育て事業部

はじめに

アメリカを代表するヒーローのひとり「スーパーマン」、そして日本を代表するヒーローのひとり「水戸黄門」。ふたりの違いは、なんでしょう?

スーパーマンことクラーク・ケントは、実はクリプトン星のカル・エルという名前の宇宙人です。崩壊の危機にあったクリプトン星からカプセルに載せられ地球に来て、子供のない夫婦に育てられたという設定で、職業は新聞記者。ふだんはさえないのですが、悪事や災難が起きると、公衆電話ですばやく着替え、自ら闘いに出ます。

一方、水戸黄門は、実在した水戸徳川家2代藩主、徳川光圀《とくがわみつくに》がモデルです。水戸黄門というのは、後に講談で演じられた「水戸黄門漫遊記」で付けられた名前で、お付きの家来、助さんと格さんを連れて、町民(越後の縮緬《ちりめん》問屋のご隠居)の姿で旅をしながら、全国津々浦々を見て回り、代官の悪政にいじめられている庶民を見つけると、悪事をあばき、ときの将軍家の証である「葵の御紋の印籠《いんろう》」を出して、悪代官どもを懲らしめるという設定です。

スーパーマンも水戸黄門も、正義の味方で、悪を懲らしめるという設定は同じ。ただどういう立場で、悪と闘うかで違いが出ます。クラーク・ケントは、変身したとはいえ市民の立場で闘い、ことが済むと名乗らずに去る。水戸黄門は最後に伝家の印籠を示し、自分の権力者としての立場を明確にします。権力者として悪政をただす水戸黄門と、自ら市民として闘うスーパーマンは、ほんとうは似て非なるもの、ドラマの発想は大きく違います。まちづくりを考えるとき、この違いはとても大切で、考えるべき価値を含んでいると思います。

私たちの株式会社プレイスメイキング研究所は、10年以上、まちづくりやまち育てに取り組むさまざまな立場のひとびとと、主に戸建住宅地の維持管理というテーマを仲立ちに、正面から向き合ってきました。

家を建て、道路を造り、小・中学校や公園、ときにショッピングセンターなどを造る、こうした「まちづくり」、そしてそのまちの最大公約数を決める「公共」は、その方向性をだれが決め、だれが主役で、どう行うのでしょう?

まちはお上が整え、何か間違いがあれば、それをただす正義の味方がどこからともなくやってくる。まちづくりに関わるときに、そんな都合の良いことを私たちは心のどこかでぼんやり考えているのではないでしょうか?

「まちづくり」や「公共」について、それぞれの役割や取り組む姿勢を整理し、日常生活を豊かに、そして非常時でも強いまちにするためにはどうすればいいか。この本で「まち」はだれのものなのか? というような問いを立てながら、みなさんといっしょに考えていきたいと思います。
スーパーマンや水戸黄門のような特殊な力は無くても、自分の立場や他者との関係と役割を見て、いっしょに考えてみましょう。そう“水戸黄門を味方に付けたスーパーマン”の気持ちで、どんな難しいまちの課題にも立ち向かえるかもしれません。

温井　達也

目次

3章　プレイスメイキングからの実践

1章 現代、家づくり事情

1節

あこがれのマイホームの移り変わり

houseとhomeから「家」を考える

私たちの会社、株式会社プレイスメイキング研究所の現在の主な仕事は、計画的な「戸建住宅地」の管理に関わるものだ[1]。戸建住宅に住んでいる方たちが、自分たちの住んでいる街区をより暮らしやすくするお手伝い、主に住宅地内の共有地の管理の仕方や、メンテナンス（保守）の手法などの提案や、ときに住宅地で行うイベントの企画、運営をお手伝いしている。そこでは、戸建住宅地の居住者に、管理を行うための住宅所有者組合という組織を立ち上げてもらう。私たちが行うのは、組合の運営サポートを通しての戸建住宅地の管理、保守、催事の企画、運営だ。私たちが直接それらの業務をまるごと請け負うのではない。

この戸建住宅地での住宅所有者組合は、日本ではまだまだ知られていないものの、住宅を資産として位置づけ、売買の対象とするアメリカでは、一般的なものだ。彼らにとって住宅環境は資産価値を高める上で大変重要で、住宅所有者にとって大きな関心事のひとつだ。私たちが手掛けている住宅所有者組合は、アメリカのＨＯＡ（**Home Owners Association**）をモデルとしており、その考え方を日本でも採り入れ、日本の実情にあった形でＨＯＡを広めていこうというものだ。私たちは考えを同じくする方々と日本型ＨＯＡ推進協議会を組織し、その普及に取り組んでいる。アメリカのＨＯＡと日本のＨＯＡの違いについては、別に詳しく述べる。

日本でまだ馴染みのない住宅所有者組合を説明するときは、「マンションで運用されているマンション管理組合の戸建住宅地版です」といって、イメージを思い描いてもらうようにしている。なぜ戸建住宅地に住宅所有者組合が必要かはおいおい述べていくとして、そもそも日本人にとって戸建住宅とは何かをまず考えてみたい。

戸建住宅は、「夢のマイホーム」などといわれてきた。そして、国内

「家」という日本語は、英語の House と Home のどちらの意味でも使われる

で戸建住宅を建てて販売する住宅関連企業は「ハウスメーカー」と呼ばれる。同じ家を指す語が「ホーム（home）」あるいは「ハウス（house）」と使い分けられている。どちらも日本語の「家」を意味し、私たちはあまり区別せずに使っているが、普段意識することなく使っているこの2つの「家」の元々の意味の違いを考えると、不思議とそこに日本の住宅事情が垣間見えてくる。

「夢のマイホーム」は、夢の象徴として家があり、どちらかといえば建物というよりそこで暮らす家族に重きを置く。それに対し、「ハウスメーカー」は、家を建てる企業なり建てる人、大工などの職人などによりつくられている建築を対象とした家（house）を指す。そして、家は建てるけれど、当たり前ながら家族は用意してくれない。

また「気楽に」という英語の at home は「家にいる」ことが原意だが、at house とはいわない。home には、家族という「家」に属するひとが含まれる。「家」にいることで、家族同様に過ごせるからだろう。

長期の旅行や、ひとり暮らしで「ホーム・シック（home sick）」にかかると、「家に帰りたいなー」と感じる。このときの家は、待っている家族や、友人、愛犬、または、行きつけのお店の店主などの顔見知りと、その風景がある場所、一定のエリアの概念が含まれていることにも気付く。これがより明確になるのがスポーツの試合の「ホーム（home）」とその反対の「アウェイ（away）」だ。

ホームでの試合は仲間が見守り声援もたくさん受けるが、アウェイ、つまり敵陣での試合は、応援も少なく心細い。ホームは、住み馴れた場所でもあり応援も多く心強い、いつも通りのプレイができ、勝率にも良い影響が出る。

こう見てくると、どちらの語も「家」という意味を持つものの、houseは建物そのものを指し、homeは建物の場や空間、あるいはそこにいる家族が含まれていることに気付く。いってみれば、ハウスが器だとすれば、ホームは建物の周辺も含むエリアと家族や顔見知りなどの器にいれるものを含む。

ということで私たちが仕事としている「計画的戸建住宅地」での「住宅」、つまり「家」は、当然、homeのニュアンスが強くなる。家に暮らし、ひとやまちをどう快適に、暮らしやすく環境を整えるかを考えているからだ。はたして、日本で使われてきた「夢のマイホーム」。それはどのような変遷をたどってきたのだろう。

日本の家事情の移り変わり

家はだれのために建てるのだろうか？

結婚や子供の出産時など、家族の形に合わせて家の形が変わる。また、地方に置いたままになっている両親を呼んで、２世帯住宅を建てるためなど、そこにさまざまな家の需要があるだろう。

将来予測は、日本の人口は減り続け、世帯数も減る一方、すでに建てている家にだれも住まない空き家が増え、新築の住宅着工戸数は減る傾向になると予測される。高度経済成長期から年間150万戸で推移してきた住宅着工戸数は、2000年に入ったころから年間120万戸になり、2008年のリーマンショック後は、年間100万戸を割り込んだ。今後10年間は63万戸で推移するという予測もある[2]。

第二次世界大戦以降の日本の住宅の変遷を見ると、時代ごとで家の役割は変わってきた。戦争が終了した直後は、「圧倒的な住宅不足解消のために効率的な大量供給が最優先」の課題となった。

戦後、公営住宅として設計され効率よく供給した51C型住宅、つまり家族が食事をとる場所としてのダイニング・キッチンに、家族がくつろぐ居間、リビング。そして寝室を備えた2LDKを基本とする住宅が、1951年に主に公営住宅用として計画されたことから51C型と呼ばれるが、戦後の混乱期から復興期にかけて、ひとつ屋根の下で、家族が肩寄せ合いながら暮らすことのできる家の象徴であり、その後このモデルの間取りは、団地を中心に広まっていった。

しかし、昭和48（1973）年のオイルショックで、高度経済成長の流れに急ブレーキがかかると、住宅政策は、“量”から“質”へと大きく転換した。ひとりひとりのプライ

家の形は時代とともに変化していく

1951年以降の間取りに影響を与えた51C型住宅の間取りの例

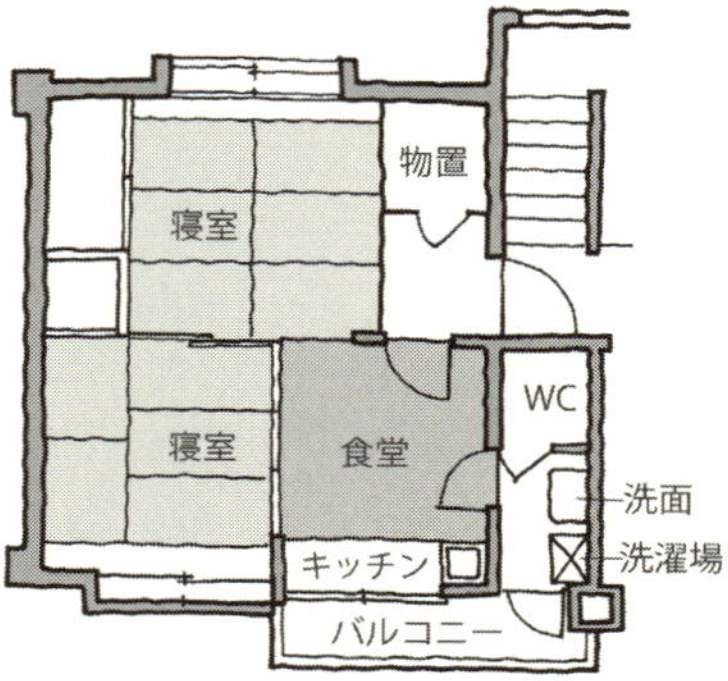

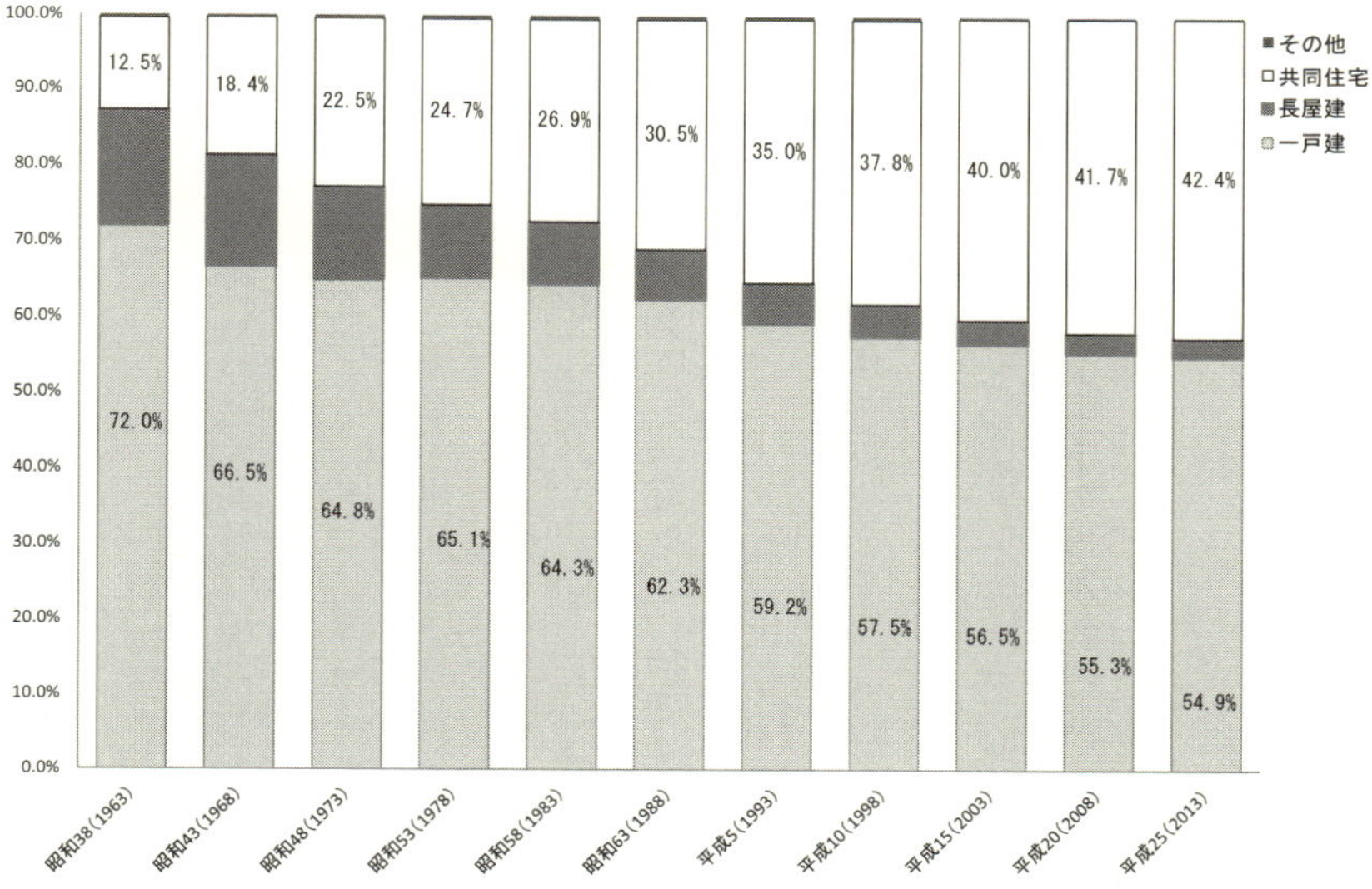

	昭和38年	昭和43年	昭和48年	昭和53年	昭和58年	昭和63年	平成5年	平成10年	平成15年	平成20年	平成25年
一戸建	14,673	16,102	18,620	20,962	22,306	23,311	24,141	25,269	26,491	27,450	28,601
長屋建	3,071	3,564	3,533	3,103	2,882	2,490	2,163	1,828	1,483	1,330	1,283
共同住宅	2,543	4,449	6,452	7,963	9,329	11,409	14,267	16,601	18,733	20,684	22,094
その他	86	83	127	161	187	203	202	224	156	134	126
計	20,373	24,198	28,732	32,189	34,704	37,413	40,773	43,922	46,863	49,598	52,104

単位(1,000戸)

昭和の家といえば一戸建が大半を占めていたが、平成に入るとマンションなどの共同住宅の割合が増えていく
出典＝住宅の建て方別住宅数の推移（上：100分率、下：戸数）
（総務省統計局「平成25年住宅・土地統計調査」より）

ベート空間としての個室などゆとりが求められ、70年代以降は、衣食住足りてなお満ち足りるために、子供部屋や書斎など文化をはじめ暮らしの豊かさを求めるようになる。

高度経済成長時代の「夢のマイホーム」は、経済が右肩上がりの成長を遂げるなかで、安定した長期雇用に守られた厚い中流層を形成し、1家4人の家族をモデルにいつか一戸建に住みたいという夢のマイホームのためのモデルが形成された。つまり庭付きのマイホームだ。それをかなえてくれたのが都心部から電車で1～2時間程度の距離にある郊外のニュータウンだった。庭がない都心部のマンションよりも、多少、通勤に時間がかかっても庭付き一戸建があこがれの対象となった。働く場と住む場とを切り離し、住む場として寛げること、居心地の良さが求められた。寛げる場という意味で、郊外の一戸建住宅の庭は、自然の象徴だったのかもしれない。一戸建とマンションの、ここ20年間の推移を見ると、興味深い変化が見られる。

総務省の「住宅・土地統計調査」によれば昭和58（1983）年は、一戸建約2231万戸、マンションタイプの共同住宅約933万戸に対し、20年後の平成25（2013）年は一戸建約2860万戸、共同住宅約2209万戸となり、一戸建1・28倍の増加に対しマンションタイプの共同住宅は2・36倍に増えている。建物全体に住める割合も一戸建が64・3％から全体の54・9％へと減少したのに対し、共同住宅が26・9％から42・4％と増え、一戸建とマンションの割合はほぼ拮抗しつつある。

夢のマイホームはやはり一戸建？

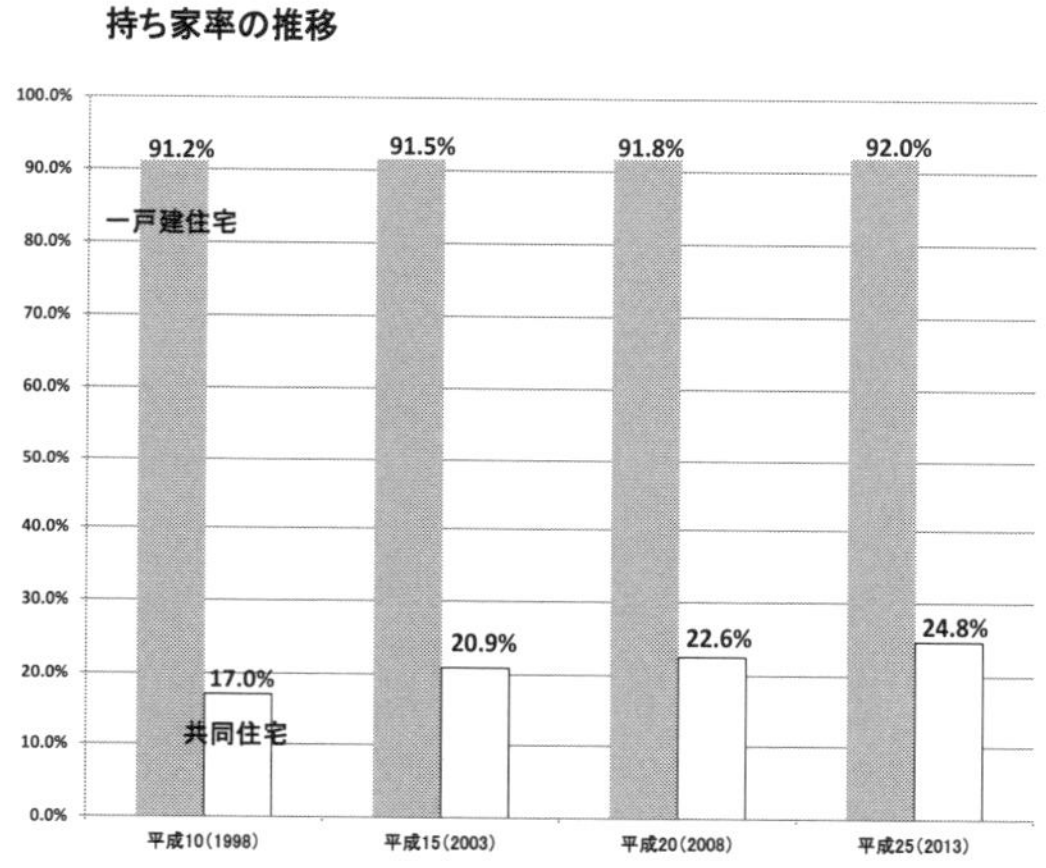

	平成10年	平成15年	平成20年	平成25年
一戸建住宅総数	25,269	26,491	27,450	28,599
うち持ち家総数	23,036	24,245	25,187	26,302
共同住宅総数	16,601	18,733	20,684	22,085
うち持ち家総数	2,827	3,922	4,677	5,467

単位（1,000戸）

持ち家率から一戸建住宅を所有したいという思いが強いことが分かる。
マンションなど共同住宅では流動性が高い
出典＝住宅の建て方別持ち家率（上：100分率、下：戸数）
(総務省統計局「平成25年住宅・土地統計調査」より)

また、同省の同じ調査に持ち家率がある。持ち家率とは、家の自己所有の割合を示すもので、一戸建の持ち家率は平成10（1998）年に91・2％、15年後の平成25（2013）年も同程度の92・0％と9割以上という高水準で、マイホームとして一戸建を所有したいという願いが強いことを裏付けている。ただマンションタイプの共同住宅は、平成10（1998）年の17・0％に対し、平成25（2013）年は24・8％と7・8％増えているが、持ち家、つまり自己所有よりも賃貸が多いことが分かる。

マンションタイプの増加は、家といったときに必ずしも、庭付き一戸建が主流でないことを示している。その背景として高度経済成長が終わり、低成長時代に入った90年代、いわゆる失われた10年を境として、家としてのマンションのニーズが高まっていることを示している。この背景に、通勤時間の短縮、住宅購入コストなどさまざまな要因があるはずだ。たとえば、世帯数、つまり家族構成の変化で見ると、庭付き一戸建からマンションへの移行の理由がある程度理解できる。

人口問題研究所による「世帯数推移」を見ると、昭和55（1980）年の日本の総世帯数は約3582万世帯。その内訳は、単独世帯約710万世帯（19・8％）、核家族約2159万世帯（60・3％）、その他約712万世帯（19・9％）だった。このうちその他には、核家族の2世代プラスその親のいわゆる3世代家族が含まれる。これが30年後の平成22（2010）年は総世帯数約5184万世帯のうち、単独世帯約1679万世帯（32・4％）、

家族の形は変わっていく

夫婦に子供２人の４人家族がモデルとされて来たが、
家族の形は時代とともに変化している。
ひとり暮らしは、２０３５年に４割近くに上り、
その他の３世代家族は１割を切ると予想される
（人口問題研究所による「世帯数推移」より）

昭和 55 (1980) 年
総数3,582万世帯

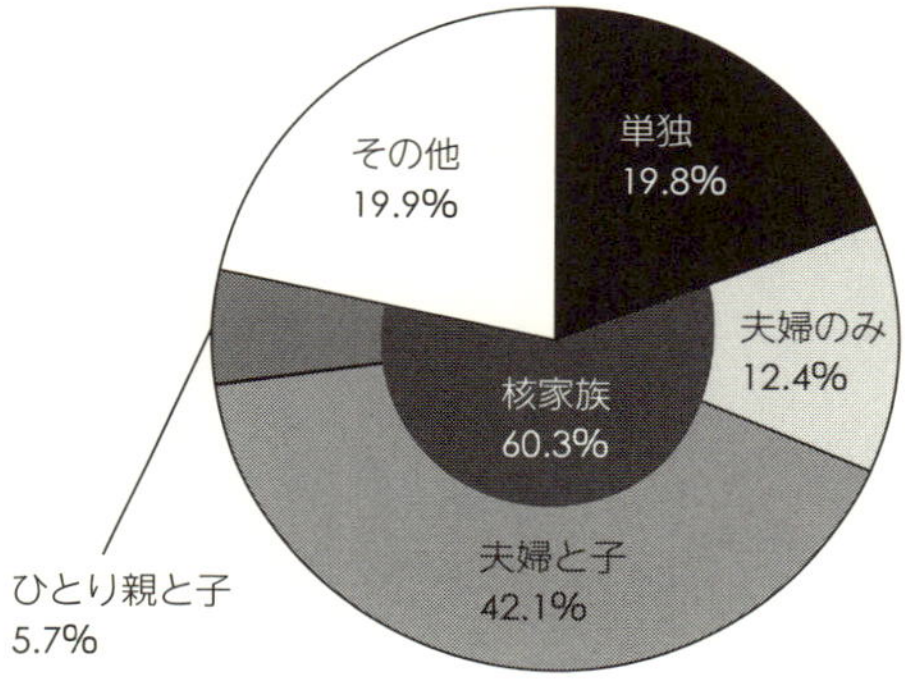

平成 22 (2010) 年
総数 5,184万世帯

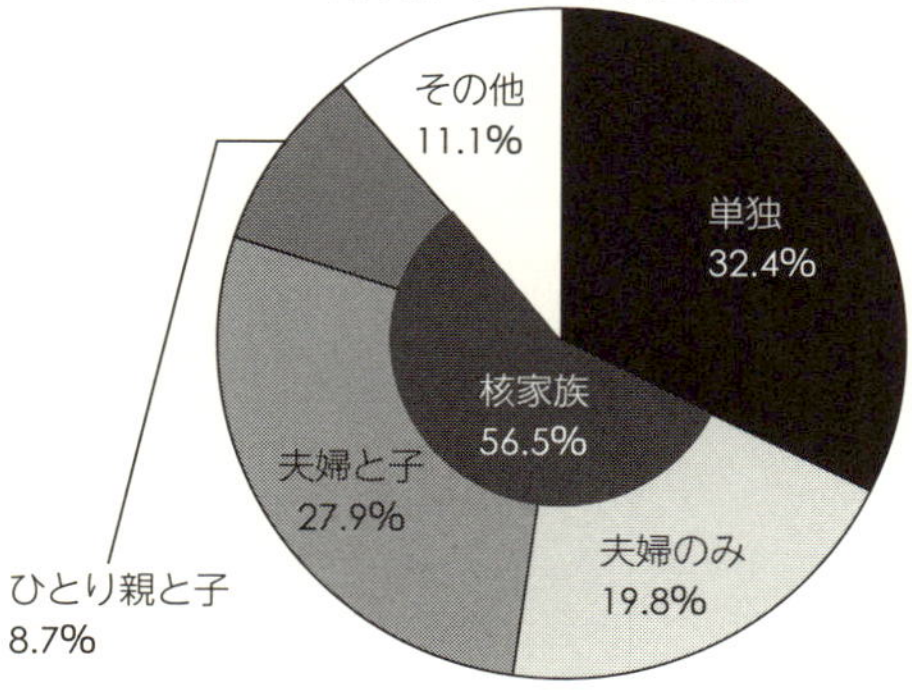

2035 年 (予想)
総数4,955万世帯

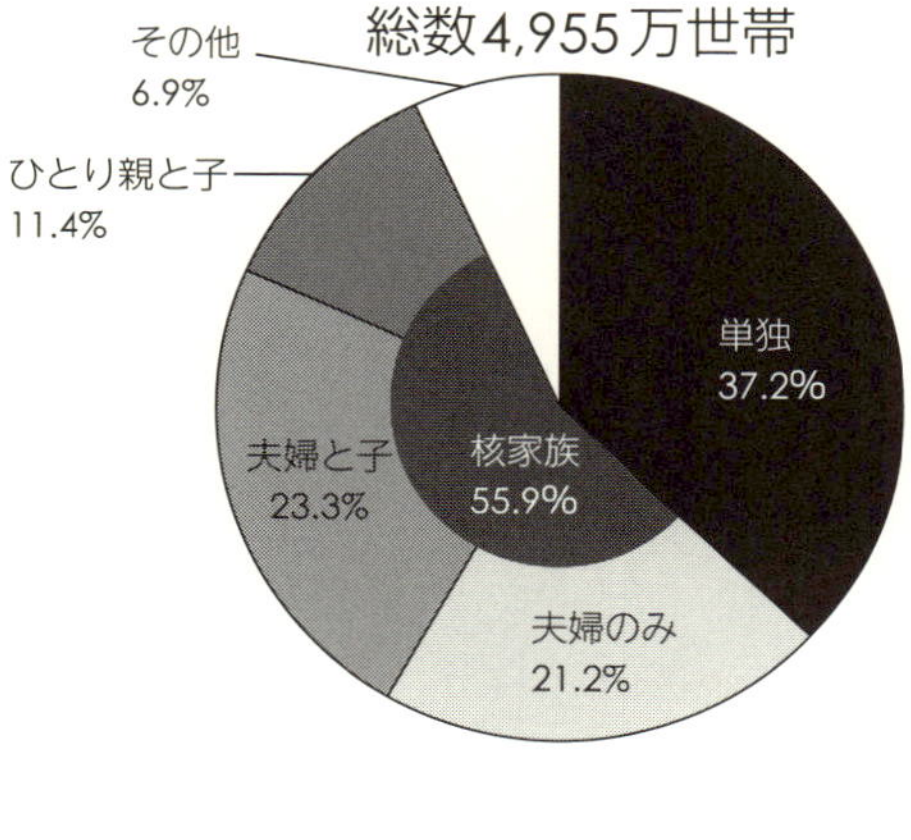

核家族約2928万世帯（56・5％）、その他約578万世帯（11・1％）となった。割合から見ると、ひとりで住む単独世帯の割合が増え、核家族や3世代家族という大勢の家族で暮らす割合が減りつつあることが分かる。しかし、「夢のマイホーム」のモデルとなった核家族の中身をさらに細かくみると、よりショッキングな事実が浮かぶ。それは、核家族のなかでも「夫婦と子」の割合が減ったことだ。

人口問題研究所の「世帯数推移」は、「核家族」を3つに分類する。つまり「夫婦のみ」、「夫婦と子」、「ひとり親と子」だ。「夫婦のみ」は、子がいないか、子が巣立って家を出て行った場合。「ひとり親と子」は、離婚して父親か母親とその子というパターンだが、父親と子というより母子家庭のイメージが強いかもしれない。つまり、ひとことで「核家族」と言っても、多様なパターンがそこにあるのだ。

上記の「世帯数推移」で核家族の変遷を見てみると、昭和55（1980）年では核家族のうち、夫婦のみ約446万世帯（12・4％）、夫婦と子約1508万世帯（42・1％）、ひとり親と子約205万世帯（5・7％）だったが、30年後の平成22（2010）年は、夫婦のみ約1027万世帯（19・8％）、夫婦と子約1447万世帯（27・9％）、ひとり親と子約453万世帯（8・7％）となった。

つまり、30年間で、核家族の「夫婦のみ」「ひとり親と子」は世帯数、全世帯における割合ともに増加しているにもかかわらず、核家族として一番イメージしやすい「夫婦と子」

は世帯数、全世帯に対する割合ともに減少しているのだ。

消費行動や経済予測の将来見通し、さらに年金や社会保険などの給付割合の算出基準でよく想定される「夫婦と子2人」という家族像は、すでに日本の標準でなく、全世帯に占める「夫婦と子」の割合は30％を割り込んでしまっている。

日本の高度経済成長時代は、大量生産大量消費のマスで経済が動いてきた。それが1980年代以降、多様な消費社会、小量多品種の多様な価値観の経済に変化したといわれる。たとえばhomeという家自体が時代に合わせ多様となったことはその表れだ。一戸建は1度建てると、そこに、1家族4人なりが住み続けるイメージがある。しかし、実態は子育てが終わって、夫婦2人のみとなったり、親を迎えて2世代になったり、その時代ごとに多様な住み方が求められる。家族構成が変化するなかで、器であるhouseも当然変化しなくてはならない。しかし、一戸建は、形を変えるには大きな費用がかかる。それに対して多様な商品ラインナップのあるマンションのほうが住み替えを考えると選択しやすいという日本の事情が垣間見える。

しかし、ぼんやりと家での「家族」を考えるとき、私たちは、いまだに夫婦と子ども2人の核家族を想い描く。あるいは、4人1世帯どころか、より深い根っこのところで、3世代の賑やかな家族像を抱えているのではないだろうか？たとえば、マンガ「サザエさん」が何10年にもわたり同じテレビ局で、日曜日の夕方の同じ時間帯で放映され続けているという事実は、3世代同居への潜在的なあこがれとはいえないか？しかし、時代は変わった。多様な家族の形にあう家、homeはどんな器を用意すれば良いのだろう？はたして、今の住宅供給のあり方はこうした時代ニーズにじゅうぶんに応えられているのだろうか？

家、アメリカと日本の価値観の違い

「夢のマイホーム」のイメージはいまだに引き継がれ、一戸建へのあこがれは強い。「家」に寄せる期待の大きさ、それはたんにhouseという器でなく、その器に盛るhomeとしての「家」への期待やそのイメージに負うところが大きく、そう簡単に変わらない。同じhomeで人生をともに過ごすという家族像が浮かび上がる。それを「かつての日本で」と過去形にしてしまって良いのかどうかは迷うところだが、homeをとりまく事情について、日本とアメリカを比較してみると、その違いがより明確に浮かぶ。

まず、住宅金融支援機構のレポートを基に、日本とアメリカの住宅の着工戸数からみてみよう。２０１５年の１年間の着工戸数は、日本の１０３・３万戸に対し、アメリカ１１７・４万戸、さらに１９６５年から２０１４年までの過去50年間の年間平均着工戸数でみても日本が１２８万５千戸に対しアメリカ１４４万７千戸と日本はアメリカの88・８％と、同じような着工戸数で推移している。さらに、人口１人当たりにすると、人口でアメリカの4割弱の日本はアメリカの2倍以上の年間住宅着工戸数があり、住宅産業の市場規模は大きく、活発に動いていることが分かる[3]。

ところが、新築着工戸数から中古住宅の販売戸数に目を移すと、この関係は逆転する。中古住宅の販売戸数をみると、アメリカでの年間中古販売戸数５００万戸程度に対し、日本での中古住宅の流通戸数は50万戸程度で、日本はアメリカの10％しか中古住宅の販売が行われていないことが分かる（同前）。

この住宅に関する数字の日本とアメリカの違いは、「家」に対する日本とアメリカの意識の違いとしてはっきり見て取れる。日本で「家」を買うということは、だれも手をつけていない「新築」のイメージだ。これを裏付ける興味深い調査が、リクルート住宅総研によりなされている。

「既存住宅流通活性化プロジェクト―既存住宅再考」と題された平成20（２００８）年のリクルート住宅総研のレポートは、「終戦直後の深刻な住宅難の解消を起源とし、その後は住宅政策が景気対策の意味合いも強く帯び、常に新築住宅の供給・取得が推進されてきた」という日本の住宅政策の経緯から、「少子高齢化の人口構造や財政問題、環境問題、社会的価値観など、ひとことで言えば“社会の変化”を前にこれまでのようなフロー重視の市場」から、空き家や既存中古住宅など「ストック重視への」政策転換がはかられるべきことを踏まえ、実施された調査だ[4]。

同プロジェクトの調査は多岐にわたるが、そのなかで「持ち家層の日米住意識比較調査」は以下の条件で行われ、日本の家に対する認識の違いを浮き彫りにしている。

・日米ともに20代～60代の世帯主または配偶者が対象
・調査はインターネットによる
・回収サンプルは年代別に均等に割り付け、戸建と集合住宅も1対1で割り付ける
・日本は東京都、神奈川県、埼玉県、千葉県の東京圏
・アメリカは、カリフォルニア州

この調査では、日米の「家」に対する考えの違いが浮かび上がった。もちろん「家」に対し日本とアメリカで差がない点もあれば、明らかな違いがくっきりと示されている点もある。ここではあえて違いにスポットを当てる。

ひとつは「家の価値観」だ。「家とは」という問いで、日本の回答で多かったのは「家は仕事の疲れをいやす休憩場所である」（95・3％）、「家は家族が団らんする場所である」（95・0％）、「家は便利な機能で快適な生活を助ける道具である」（90・2％）となっている（（　）の数字は「とてもあてはまる」「あてはまる」の合計）。

同じ質問「家とは」に対するアメリカの回答で多かったのは、「家は経済的な財産、資産である」（90・9％）、「家は便利な機能であり快適な生活を助ける道具である」（89・3％）、「家は資産として有利な投資対象である」（87・2％）となっている。つまり、「家」

■家の価値観（全体／単一回答／日本）

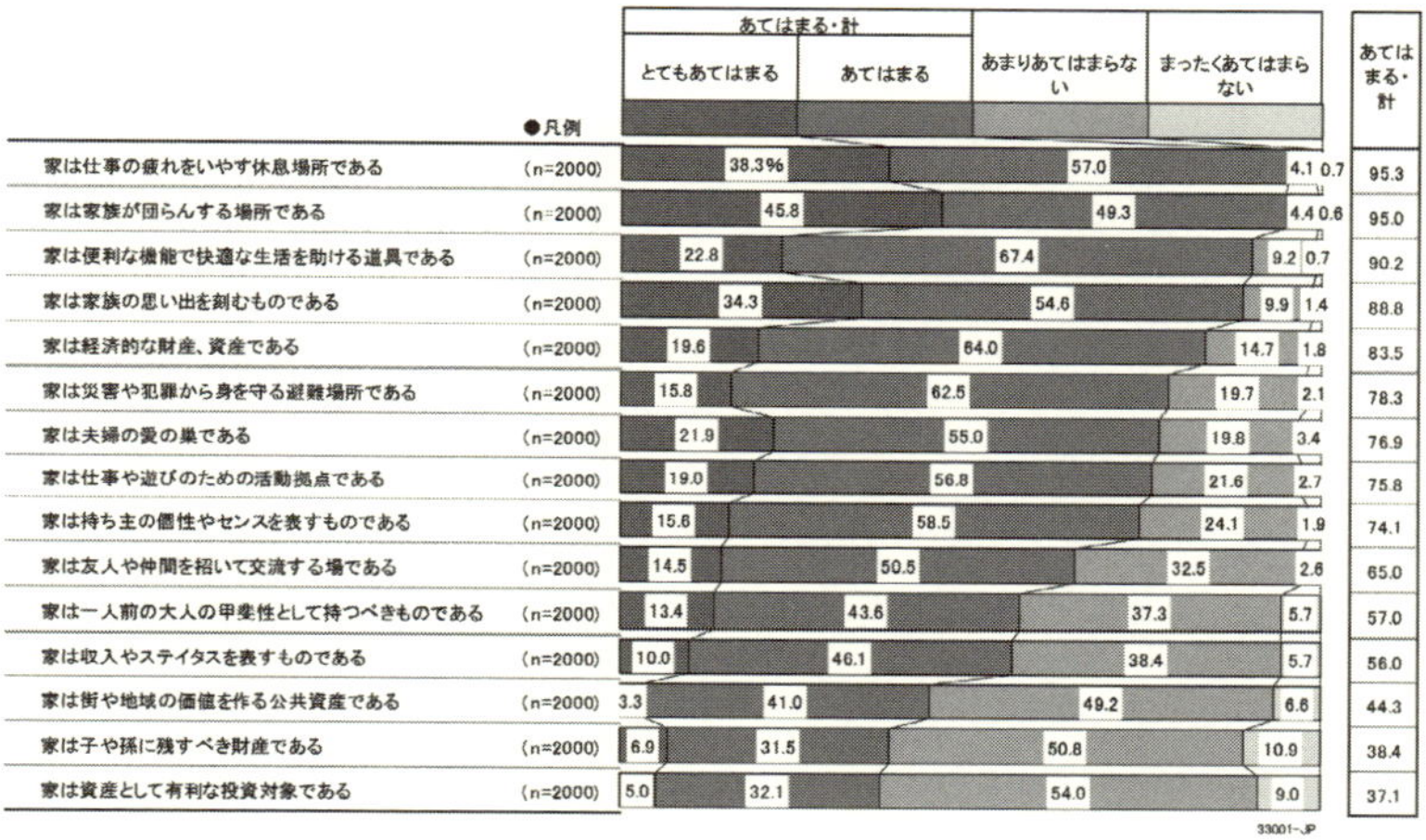
あてはまる・計
とてもあてはまる
あてはまる
あまりあてはまらない
まったくあてはまらない
あてはまる・計
●凡例
家は仕事の疲れをいやす休息場所である (n=2000) 38.3% 57.0 4.1 0.7 95.3
家は家族が団らんする場所である (n=2000) 45.8 49.3 4.4 0.6 95.0
家は便利な機能で快適な生活を助ける道具である (n=2000) 22.8 67.4 9.2 0.7 90.2
家は家族の思い出を刻むものである (n=2000) 34.3 54.6 9.9 1.4 88.8
家は経済的な財産、資産である (n=2000) 19.6 64.0 14.7 1.8 83.5
家は災害や犯罪から身を守る避難場所である (n=2000) 15.8 62.5 19.7 2.1 78.3
家は夫婦の愛の巣である (n=2000) 21.9 55.0 19.8 3.4 76.9
家は仕事や遊びのための活動拠点である (n=2000) 19.0 56.8 21.6 2.7 75.8
家は持ち主の個性やセンスを表すものである (n=2000) 15.6 58.5 24.1 1.9 74.1
家は友人や仲間を招いて交流する場である (n=2000) 14.5 50.5 32.5 2.6 65.0
家は一人前の大人の甲斐性として持つべきものである (n=2000) 13.4 43.6 37.3 5.7 57.0
家は収入やステイタスを表すものである (n=2000) 10.0 46.1 38.4 5.7 56.0
家は街や地域の価値を作る公共資産である (n=2000) 3.3 41.0 49.2 6.6 44.3
家は子や孫に残すべき財産である (n=2000) 6.9 31.5 50.8 10.9 38.4
家は資産として有利な投資対象である (n=2000) 5.0 32.1 54.0 9.0 37.1
33001-JP

■家の価値観（全体／単一回答／米国）

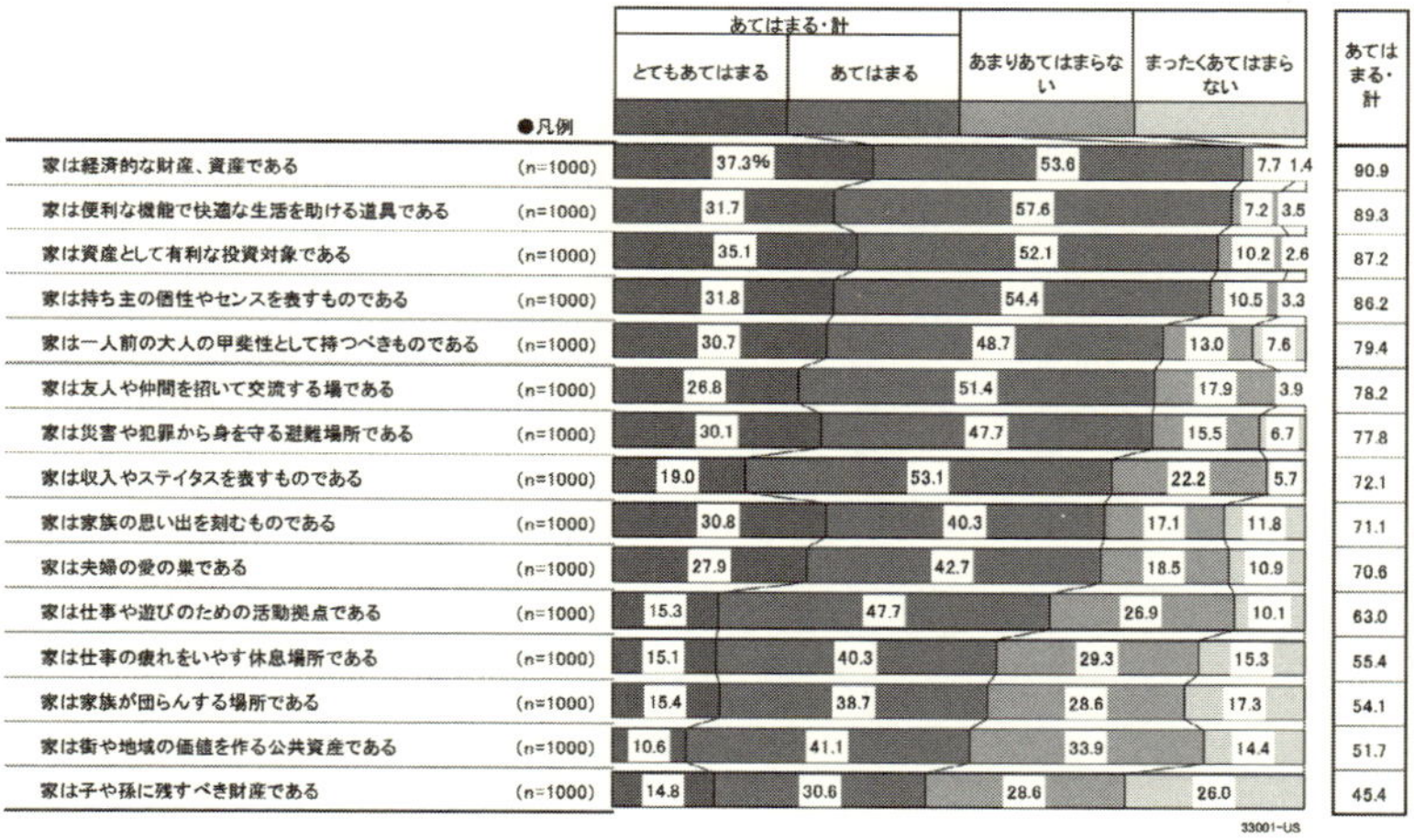
あてはまる・計
とてもあてはまる
あてはまる
あまりあてはまらない
まったくあてはまらない
あてはまる・計
●凡例
家は経済的な財産、資産である (n=1000) 37.3% 53.6 7.7 1.4 90.9
家は便利な機能で快適な生活を助ける道具である (n=1000) 31.7 57.6 7.2 3.5 89.3
家は資産として有利な投資対象である (n=1000) 35.1 52.1 10.2 2.6 87.2
家は持ち主の個性やセンスを表すものである (n=1000) 31.8 54.4 10.5 3.3 86.2
家は一人前の大人の甲斐性として持つべきものである (n=1000) 30.7 48.7 13.0 7.6 79.4
家は友人や仲間を招いて交流する場である (n=1000) 26.8 51.4 17.9 3.9 78.2
家は災害や犯罪から身を守る避難場所である (n=1000) 30.1 47.7 15.5 6.7 77.8
家は収入やステイタスを表すものである (n=1000) 19.0 53.1 22.2 5.7 72.1
家は家族の思い出を刻むものである (n=1000) 30.8 40.3 17.1 11.8 71.1
家は夫婦の愛の巣である (n=1000) 27.9 42.7 18.5 10.9 70.6
家は仕事や遊びのための活動拠点である (n=1000) 15.3 47.7 26.9 10.1 63.0
家は仕事の疲れをいやす休息場所である (n=1000) 15.1 40.3 29.3 15.3 55.4
家は家族が団らんする場所である (n=1000) 15.4 38.7 28.6 17.3 54.1
家は街や地域の価値を作る公共資産である (n=1000) 10.6 41.1 33.9 14.4 51.7
家は子や孫に残すべき財産である (n=1000) 14.8 30.6 28.6 26.0 45.4
33001-US

持ち家層の日米住意識調査による「日本の家の価値観とは？」

（リクルート住宅総研「既存住宅流通活性化プロジェクト - 既存住宅再考、2008年より。リクルート住まい研究所 http://www.jresearch.net/）

をhouseとhomeとの対比で見ると、日本の場合はやはりhomeとして「家」を考えていることが分かり、アメリカではどちらかといえば、「家」はhouseとして考えていることが分かる。ちなみに、日本で多かった「休憩場所」はアメリカでは55・4％、同じく「団らんする場所」は54・1％と、「家」のhomeとしての価値観は少し低くなる。

また住宅に対する意識の違いでも日本とアメリカの違いがはっきりしている。たとえば、日本では「見知らぬひとが長年住んだ家に暮らすのは気が進まない」にあてはまるのが67・5％に対しアメリカでは22・3％。逆の価値観で「前に住んでいた人のことは気にならない」は、日本32・6％、アメリカ77・7％と正反対になる。アメリカの場合、中古住宅は、築年数よりも外壁や内装の見た目の美しさが重視される。とくにキッチンやバスなどの美観や状態が重要視され、築年数はあまり意識されないことから、中古物件でもリフォームをしっかりした上で販売するという背景があると同報告書は指摘している。

しかし、後述するように、私はアメリカにおける家は経済的な財産、家は資産という考え方、あるいはそうした市場が日本に広まることを諸手を挙げて賛成しない。もちろん、まち全体の統一感や景観は重視すべきであり、それは美観にとどまらず安全の面からも、居住者のコミュニケーションを図る上からも重要であると考える。景観といっても、その価値や重要性は多面的だ。そのことも充分理解している。しかし、資産という点をあまりにも重視し過ぎると、景観を維持することだけが最優先となり、実際そこで日々暮らそう

■住宅に対する考え方（全体／それぞれ単一回答／日本）
（n=2000）

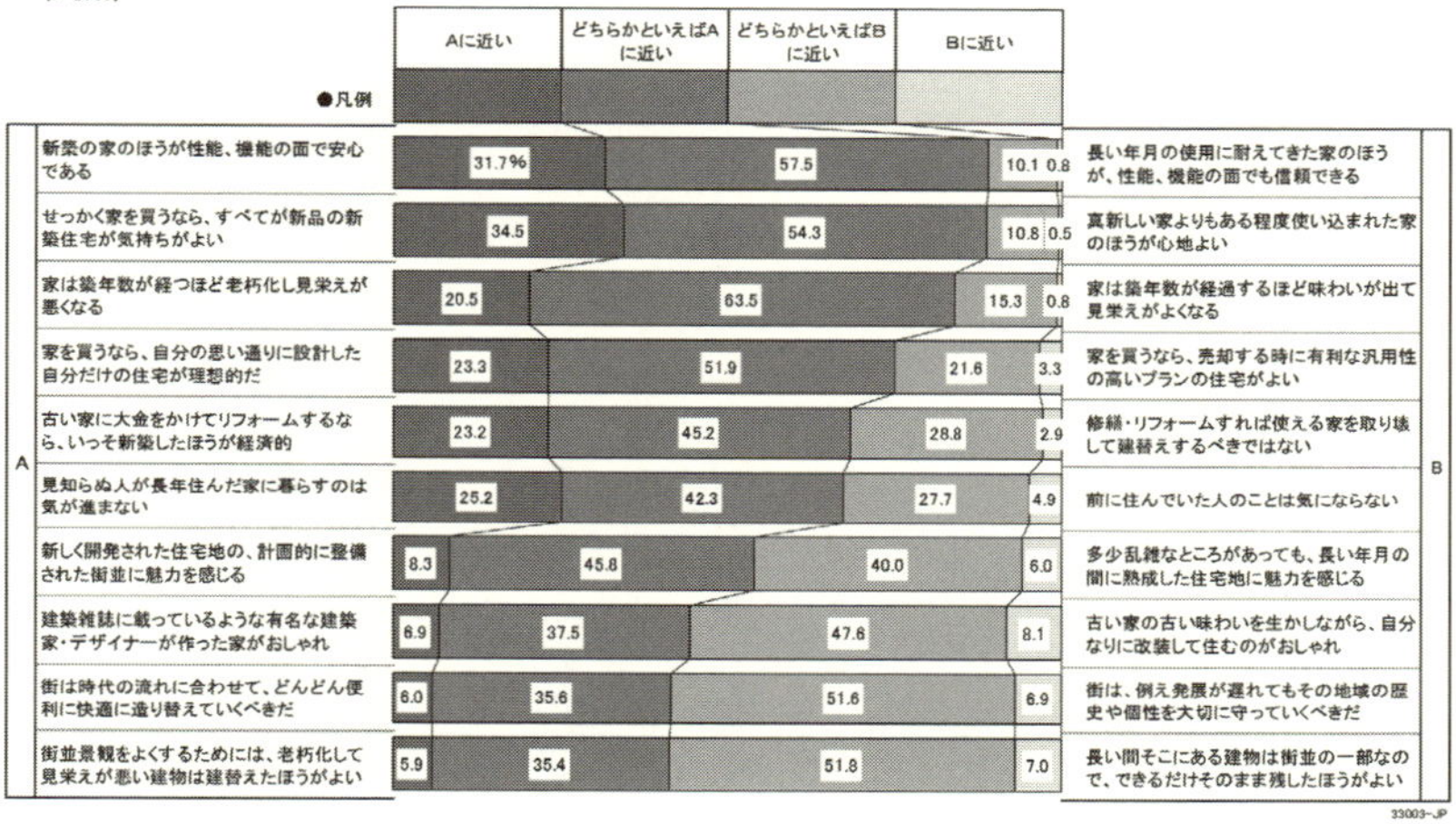

■住宅に対する考え方（全体／それぞれ単一回答／米国）
（n=1000）

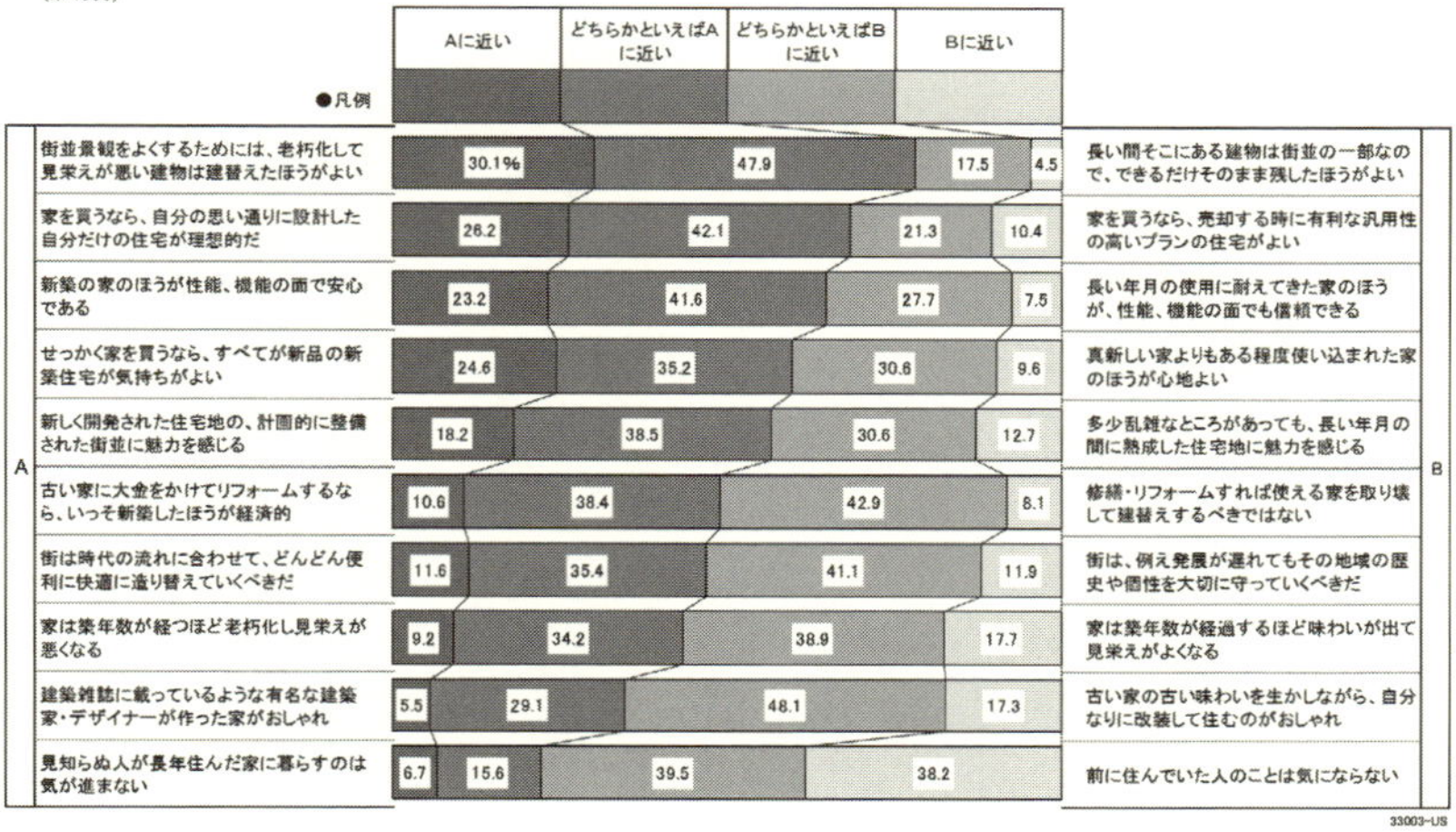

持ち家層の日米住意識調査による「日本の家の価値観とは？」

（リクルート住宅総研「既存住宅流通活性化プロジェクト - 既存住宅再考、2008年より。リクルート住まい研究所 http://www.jresearch.net/）

とするとどこか窮屈だったりする。
日本においてひとびとが大切と考えている家は「休憩する場」、「団らんする場」、つまりhomeという考えを基本とし、それをマイナスととらえず大切にしたい。むしろ、家に住まうひとりひとりの意識を高め、互いのコミュニケーションを図ることで、快適にすることができ、家を取り巻くまちを暮らしやすいものとすることができるのではないか、またそうありたいと願っている。そして、その考えで10年以上にわたって、戸建住宅地で実践を積み重ねてきた。もちろん、新築戸建住宅に限らず、既存の家が建ち並ぶ既存住宅街においても、私たちの実践事例は、役に立てていただけると思うし、アメリカ式の住宅をリフォームし、住みやすく使いやすくする試みはおおいに応援したいと考えている。

【註】

1 株式会社プレイスメイキング研究所の概要やプレイスあるいはプレイスメイキングという考え方については、3章で詳しく述べたので、参照いただきたい。

2 みずほインサイト、「今後の住宅市場をどうみるか?①」（みずほ総合研究所、２０１６年）

3 小林正宏、「欧米との比較における日本の住宅市場の特徴」（住宅金融支援機構、『季報・住宅金融（夏号）』、２０１５年）

4 リクルート住宅総研「既存住宅流通活性化プロジェクト－既存住宅再考」（２００８年）→リクルート住まい研究所 http://www.jresearch.net

2節

アメリカと日本の住宅地の違い

美しすぎるアメリカの住宅

私は、以前アメリカの西海岸、カリフォルニア州アーバイン市の住宅地を何回かにわたり調査した。

アーバイン市は、カリフォルニア州の中心都市、ロサンゼルス市の郊外にあり、より広域のロサンゼルス圏という意味で、グレーターロサンゼルスに含まれる。正確には、カリフォルニア州オレンジ郡（オレンジ・カウンティ）の主要都市のひとつで、1960年代に民間デベロッパーとしてアーバイン社が開発した計画都市に端を発する。アーバイン社のルーツはアイルランド系移民で、始まりはアーバイン家の所有していた牧羊地を開発したことにあり、アーバイン社は地域のデベロッパーだった。アーバイン市の人口は約20万人、カリフォルニア大学アーバイン校という大学を中心とした都市計画によるまちづくりがあり、茨城県つくば市と姉妹都市となっている。

アーバイン市は、アメリカ国内で最も犯罪率が低い都市として知られる。安全な都市が実現できた理由のひとつに景観を大切にしていることが挙げられる。アーバイン市には都市計画通りに景観を守る規制があり、それがそこに暮らすひとびとの共通の価値観となっている。一定のルールに基づいて景観を維持したことが、たんにまちの美観にとどまらず、まち全体の治安に結び付いたというのだ。

私がアーバイン市を訪問して一番強く印象を受けたのは、すっきりしたアメリカの家々とそのまちなみだった。まちといえば、兵庫県尼崎市のごちゃごちゃした商店街を見て育った私にとって、アーバインの整然としたまちなみはあまりにも美しかった。

湖畔につながる緑の丘に、映画のセットのようなかわいらしい家々が立ち並ぶ。玄関の前に揺れる椅子、手入れの行き届いた草花とグリーンベルト、家の屋根を超える大きな樹木は高さが揃い、家と街路樹などまちが一体となっている。

なぜ、こんなに美しいのか？

はじめは圧倒されるばかりだったが、目を「観光」から「学び」、「視察」、「調査」に切り換え、再びまちに目を凝らす。日本のまちとの違いはなにか？という視点で見つめると、さまざまな違いが見えてきた。

まず、雨樋《あまどい》がなかった。理由は簡単で、雨があまり降らないから必要がないのだ！ この違いだけでも、すっきりしたスカイラインが生まれる。その先の空の青さが引き立つ。まさに「カリフォルニアの青い空」だ。

雨樋だけでない。

「あっ！ 洗濯物が干されていない」

日本でよく見掛ける洗濯物がはためくベランダがない。家のベランダに干され、風にはためく洗濯物がない。洗濯は洋の東西を問わないはずなのに、と目を凝らすと、ガレージの中に乾燥機があった。

このほか、自転車や三輪車も家の周りに見当たらない。やはりガレージに格納されているようだ。よく見るといたる所で芝を刈る作業員が働いていて、住宅地の環境整備を外部業者に委託していることが分かった。

住宅の建設現場では、コンクリートブロックを並べたような基礎に、2×4工法《ツーバイフォー》でパネル組み作業が行われていた。大きなハンマーで釘《くぎ》を打ちつけ、パネルが変形しそうな力でガンガンたたいている。完成していく家はまるでおとぎ話の絵本に出てきそうな姿へと仕上がっていく。それは、日本人の私には映画のセットでも作っているかのように見えた。

アメリカの場合、家単体での構造的な設《しつら》えや、作業工程は、決して感心できるものでは

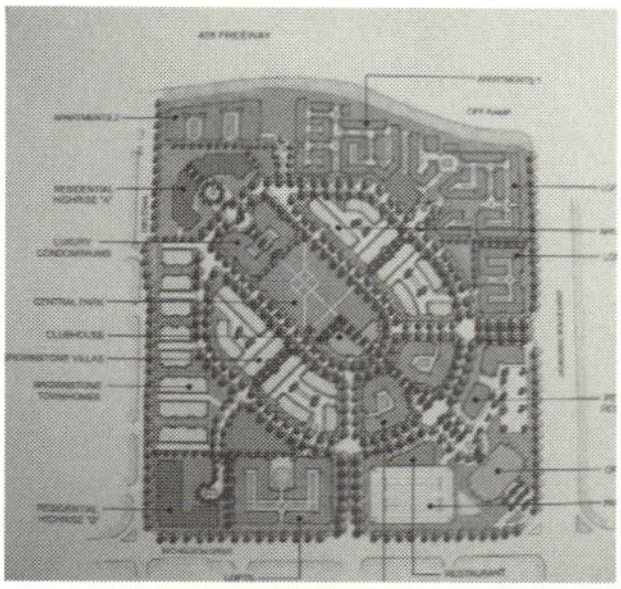

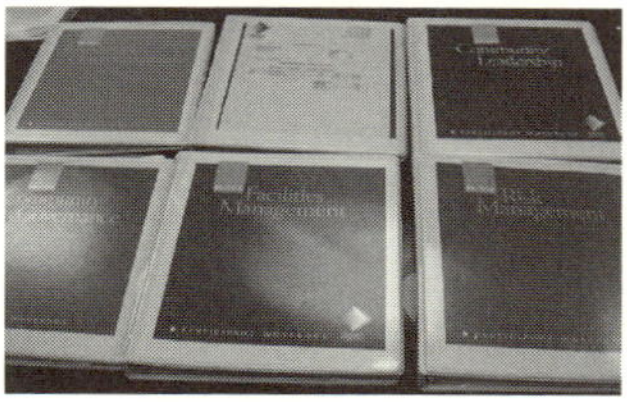

アメリカ・カリフォルニア州アーバインの住宅地。住宅地を管理するHOAにより、樹木、家の前の草花まで細かな一定のルールのもと管理されている。
湖岸沿いの歩いて巡れる住宅地は、犯罪が少なく、住みたいまちの上位にランクインする。
管理は、さまざまな目的ごとにマニュアル（左下）に基づいて行われる
（撮影＝2004年）

ないが、そこから仕上げられる住宅は、住宅地全体の連続性が保たれ、全体として美しく、かわいらしく仕上がる。それは、まちの美しさが資産価値だという考え方と直結する。この考えがアメリカは徹底している。

ただ、長くまちにたたずんでいると、どこかよそよそしいというか、居心地の悪さを感じ始めた。それはさきほど「映画のセットでも作っているよう」と述べたように、一切生活感がないことに起因しているようだ。

日本の古くからいわれていることばに「住熟《すみこな》し」がある。住んでいるうちに、家具や調度、生垣から家そのものが暮らしに馴染んでいく様を表すことばだ。新しいものから、時代を経て暮らしに馴染んだ古さもまた家の味わいとして価値を認める。それに対しアメリカは、はっきりしている。家やまちなみは、不動産価値を損なわないように、いつまでも美しく維持される。

継ぎはぎ、継ぎ足しの日本の住宅地

アメリカの場合、家は資産の一部で、そこに暮らすことは、その価値をいかに維持し、高めるかがポイントのひとつとなる。それに対し、日本の場合は、前述したように時代とともに状況が多少変化してきているとはいえ、住宅は一生もので、暮らすひとはいかに使いこなすかに気を配る。それは、家に対し愛着を抱き「竟《つい》の住処《すみか》」という考えが根底にあるからだ。ただ、一方で、家の総体としてのまちという点で、日本の場合はそこに統一感を生み出すのはなかなか難しい。なぜ、住宅の総体としてのまちに統一感が生みだせないのか？これは簡単に答えが出せるような問題ではない。

日本から少し目を転じて、アジアという点でとらえ、アジアの都市について考えてみよう。アジアの都市は、込み入った路地、色とりどりの看板や洗濯物が表通りであってもおかまいなしに干され、種々雑多な要素が渾然《こんぜん》一体となっている。まさに多様な景観こそが特徴だ。このことはよく指摘される。たとえば、私が生まれ育った兵庫県尼崎市がその典型だった。

尼崎市は兵庫県の南東の端にあり、大阪府と境を接している。大阪湾に面し、古くは港として繁栄の礎を築き、中世末から近世にかけては大阪城の西の守りとして、出城の尼崎城が築かれ、城下町として栄えた。明治時代、日露戦争後に工業化が進み、鉄鋼業が発展し、「鉄のまち」と呼ばれるようになった。そして第二次世界大戦後は、工場の煙による大気汚染のためにぜん息や慢性気管支炎などの患者が多発。また、国道43号線と阪神高速道路などによる自動車からの排ガスの大気汚染が加わり、全国的に公害問題がクローズアップされるなか、尼崎もその仲間入りをした。しかし、私はこのまちで暮らしていた実感として、ごちゃごちゃとしながらも、界隈性のある下町のイメージが強い。私の育ったのは阪神電鉄の出屋敷駅の周辺部だが、隣の阪神尼崎駅から出屋敷駅にかけてはアーケード付きの尼崎商店街があり、店が軒を連ねる。そこには、お好み焼き屋、立ち飲み屋、立ち食いそば（うどん）屋などの小さなお店が軒を連ね、まさにアニメ「じゃりんこチエ」のイメージどおりだった。

出屋敷駅周辺は、防火や美観などの問題から、近年、駅前再開発が行われ、駅前の小さな店は駅前ビルに集約されてしまったが、小さな店が軒を連ねる商店街は尼崎だけでなく、日本全国、とくに都市圏で多く見られる。それぞれにまちの成り立った背景や歴史は違うが、ごちゃごちゃ感のなかからうまれる活気は、ひととひとが出会い、居心地の良い場を生み出した。都市のごちゃごちゃ感は、その都市の歴史が継ぎ足されてきた証でもある。尼崎でいえば、港という物が集積する場がいまの都市の原点であり、埋め立てられて工場が海側に継ぎ足されたことで、さらにひとを集め、都市が生まれ変わっていく。狭い路地を少し高台から眺めたとき、その都市の構造がぼんやりうかがい知ることができる。まさに都市が継ぎ足しでできた痕跡がそこにある。

私が、関西を離れ、大学院進学のために初めてつくば市に移り住んだときは、居心地の悪さを感じた。ひととひととの関係が地元の尼崎と違って希薄であるように感じ、とにかくだれかとしっかりつながりたい一心で、ＮＰＯ法人に参加してみたり、大学でサッカーサークルを作ってみたり、会社を立ち上げたりと必死だった。

込み入った路地の残る住宅街はかつての遊び場で、たまり場だった（尼崎市）

個人商店が軒を連ねるアーケードの商店街。店に久しぶりに顔を出すと、「なんや元気やったんか〜」と声をかけてくれたりする（尼崎市）

筑波研究学園都市の居心地の悪さの背景に、過去の歴史を一度消去し、まっさらにしてでき上がったことがあるのではないか。その意味で、つくば市とアーバイン市は共通点を持つのだが……。

よくいわれることだが、アメリカ合衆国は新大陸として開発がなされたために、中近東、ヨーロッパ、アジアなどに比べ歴史が浅い。新たな開拓地として、18世紀以降、すべてのまちを新たな開発地として住むひとびとが自分たちで造ってきた。そのため開発された時代やひとびとの個性によってまちの特性が決まり、それぞれにまちのコンセプトや顔立ちが明確になっているともいえる。もちろん19世紀から20世紀前半にかけてできたボストンなどのダウンタウンは、アメリカのなかでも伝統的なまちなみで歴史を感じさせてくれるが、それはヨーロッパ大陸から渡ってきた移民が、元々ヨーロッパのまちをモデルにして造り上げたからだ。その意味で、ボストンにはヨーロッパからアングロサクソン系人種が移住する以前のアメリカ大陸の歴史の形は継承されていない。

また、20世紀中期以降、アメリカでは自動車が登場する。自動車での移動を前提として郊外にまちが造られていく。広大なアメリカ大陸の郊外での新しいまちの基本は、まっさらな状態からまちをつくることにある。

これに対し、平地が限られる日本の場合は、古いものの上に形をつないだり、少し変えたりしながら、継ぎ足すイメージでまちが形成されていく。もちろん、台風や地震などの大きな自然災害で壊れたり、戦争によって焼け野原となるような場合は、まっさらな状態の土地に新しいまちを生み出したりする場合もあるだろうが、その場所の歴史は継承される。江戸のまちなみの形を継承している東京がその分かりやすい例といえるかもしれない。

そうした大きな歴史のなかで、ひとつ異質といえるのが、第二次世界大戦後の大都市郊外でのニュータウン開発ではないだろうか。東京を中心とする首都圏では、周辺の雑木林やアカマツ林などの里山の自然を切り開き、まっさらな状態で住宅開発が行われた。そこでは、従来の歴史が基本的に継承されなかった（意図はしただろうが余裕がなかったというのが正確かもしれない）。この新しいまちの都市計画はこれまでとまったく違った視点からまちをデザインしたはずだが、でき上がった住宅地は、私がアメリカで見てきたような整然とした美しさを備えていなかった。古くからある既存の都市と同じく雑多で、ごちゃごちゃした感じをどこかに残している。

私たちがフィールドとする戸建住宅地は、新たに開発された住宅地に、個々のハウスメーカーが家を建て、販売していく。最近はまち全体の景観を意識したまちなみがデザインされるようになったが、それはまだ一部で、全体として各メーカーの家が、それぞれの個性を競うかのように立ち並んでいる。

家と家との総体としての住宅地がまとまったデザインにならない理由のひとつは、生まれる住宅地を統一しようとあまり意識していないという点があるように思う。

私は、4年制大学を卒業し、大学院に入学するまでの間、住宅メーカーに勤務していた時代がある。そこでの一時期、家本体でなく、庭やフェンスといった外構部門の担当だったことがある。住宅販売において、家をメインディッシュにたとえるなら、外構はその周りにある彩り野菜といったところだろうか？ それはハウスメーカーとしてけっして本流ではなかった。

ここで一般的な注文住宅の建て方を考えてみよう。家を建てる時、予算と立地をおおよそ定め、次に構造や部屋の間取り、設備を決める。次に、家の内装の材料、家具やカーテンなどと決めていって、最後に庭などの外構を決めていく。庭や隣家との境界にあたるフェンスなどは、お隣と密接に関係するが、最後になることが多い。予算も無くなり、「あとでそのうちに」と、まず生活をスタートさせる。これが、私のハウスメーカー時代に担当していた住宅を購入される方のひとつのパターンだった。あとになればなるほど庭に掛ける時間も、予算も無くなるから、家を建てる初期の段階で外構を検討してもらうと思っても、難しいことだった。ましてや、家の保守管理費用にいたるまでは、予想の範囲を超えてしまう。これが、戸建住宅地で家を建てるとき、多くの方のパターンだと思う。

最近の料理は肉中心からさまざまなメニューを一体として考えるようになってきた。たとえばステーキの彩りとしての付け合せの野菜は、最近では、サラダの中にお肉が置かれ、ヘルシーメニューとして登場したり……。この発想で行けば、家と家との総体としての住

家を料理にたとえると？

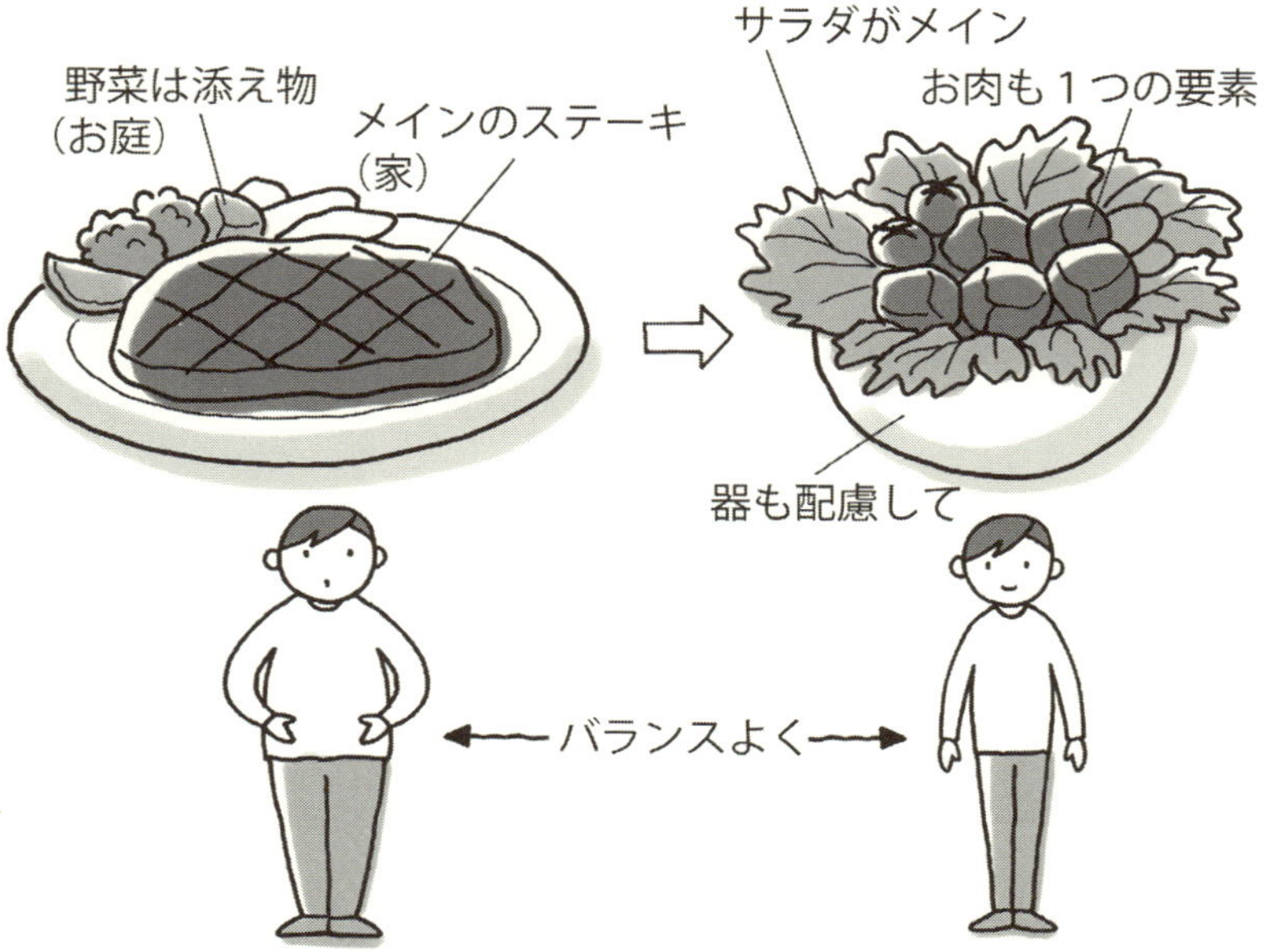

宅地でも、まち全体をひとつの料理と見なせば、どこにメインディッシュをおいて、そのメインディッシュをつなぐ道をどう飾るか、箸《はし》休めの彩り豊かな素材をどこにおけばまち全体が華やぐかなどのバランスを考えにいれると、楽しく、美しくなる。そして、家もフェンスやお隣との間隔や色彩の統一感など全体のバランスが良くなるはずだ。

3節

家を住み熟《こな》すための課題とアドバイス

新しく計画された戸建住宅地は、すべてが新たなゼロからのスタートとなる。そこに集うひと、家同士のおつきあい、その住宅地のある市町村との関係など、ひとつひとつが新鮮なことだろう。新しいまちに住み着いて初めて、そこから日々の生活が始まるという当たり前の事実に気付く。もちろん、家の構造やデザインをおろそかにして良いということでない。日本の家単体での機能性は世界一だと思う。日本の風土は夏に温暖湿潤な梅雨の時期を迎える。換気をどうするかは家の構造を考えるうえで重要なポイントで、とくに高気密性の住宅が増えるなかで、換気は大きなウエイトを占める。また、地震の頻発する日本は、住宅の構造性能が高くなくてはならない。構造は、建築基準法で定められているが、日本の住宅メーカーの場合、建築基準法の基準を上回る独自の構造基準を設け、より強くしている。日本の住宅の機密性の高さ、構造の強さ、設備の仕様などは世界に誇れる水準にあると考える。機能的に優れた家、house を手に入れたのだから、なおのことその価値を活かしたいところだ。

「住み熟《こな》す」ということばがあることはすでに述べた。「熟す」は、「こ・なす」で、「こ」は粉のように細かく砕かれたもの。つまり大きな固まりを砕いて、砕いて、粉のように「なす」ことが、「熟す」だ。したがって、「住み熟《こな》す」は、住んでみて、足りないもの、生じた問題を活かし、少しずつこつこつと暮らしに活かして、より住みやすくつくり変えてゆくイメージだろうか？

私は、福岡県北九州市「高須青葉台ニュータウン青葉台ぼんえるふ」と、愛知県小牧市「桃花台ニュータウングリーンテラス城山」を調査したこと[1]があり、詳細はあとで述べる。これらの住宅地は、まちが誕生したときのデザインコンセプトを、暮らしはじめたあとも住民の方同士がよりよく活かすために、継続的に活動していることを知った。まさに「住み熟し」だ。

器としての家に住まう家族の空間、つまり home は時代とともにさまざまな家族の形に合わせて住み熟していかなければならない。ここでは、私たちの経験を基に、これからの時代どのような住み熟し方があり、どうすればより快適になるかのアイデアを少しだけ紹介したい。

お隣さんとの関係

戸建住宅地は、隣とのつきあい、地域との関係も、既存の伝統的な集落などに比べ希薄で、どちらかというと、個人のプライバシーを保つために、他所《よそ》からの干渉を嫌い、ほっておいてほしいという傾向があるようだ。逆にその裏返しの事例がある。私が新しく入居された方に、相談に乗っているときのこと、「向こう三軒両隣といいますが、何軒までが隣なんでしょう? 何軒まで挨拶に回ったらいいんでしょう?」と質問を受けて、返答に困ったことがある。たとえば、長屋で道をはさんだ向こう三軒と両方の隣という目に見える状況があれば良いが、今の時代、たとえばマンションだと向こう側に三軒どころか一軒もない。もののたとえで、コミュニケーションが取れる範囲として使われている「向こう三軒両隣」ということばを字義通りに考えると混乱する場合がある。

形式的なマニュアル通りにいかないのがお隣との関係で、この場合は新しいまちに移り住んで、不安が質問として現れた事例だと思う。ただ、この事例をほんのささいなことと切り捨てられない。ことばの背後や明確に語られないでも互いになんとなく分かっていた共通認識が薄れかけ、字義通りに解釈できずに困るというケースは多く見られる。かつて

向こう三軒両隣ってどこまで？

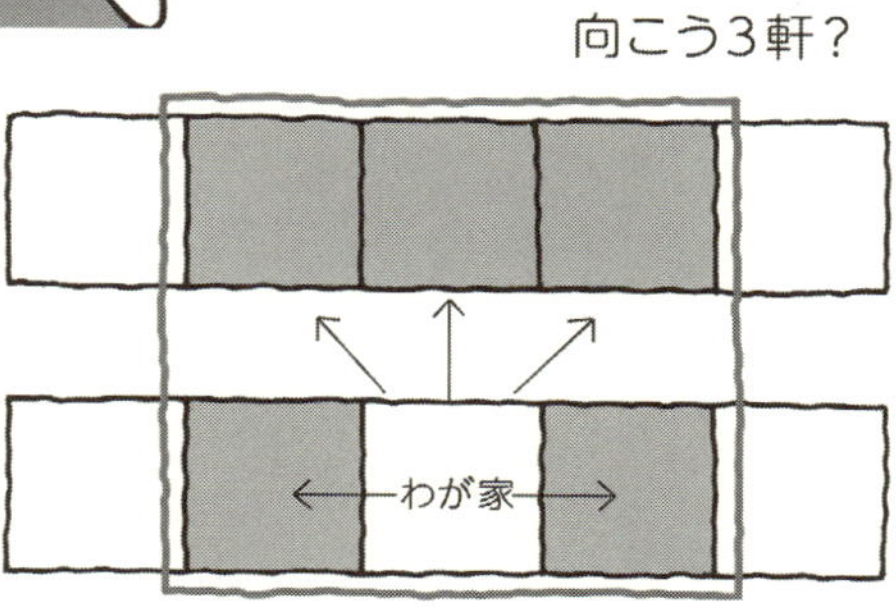

「向こう三軒両隣」は江戸時代の長屋などを前提に生まれた近隣関係を表すことばとされる。それを文字通りに今の時代にあわせると意味がつかみづらい。その地域で普段顔を合わせる方との関係を大切に、と考えたらどうだろう？

あいまいさこそが日本人の美徳であり、逆に国際社会で通用しないと指摘されてきたが、もはや現代日本社会でも通用しなくなっている。ささいなことかもしれないが、こうしたわずかなコミュニケーションの違いから、隣同士やまち全体でのコミュニケーションのあり方の問題へとつながることがある。とくに新しいまち、計画的戸建住宅地や新築マンションでお隣さんとの関係を難しくしている点のひとつは、お隣さんは選べないという状況があると思う。

こんなことを聞いた。それは、まちができてしばらく経過している既存住宅地での事例だ。近隣にマンションの建設が予定され、住民説明会に参加したときに、お隣のご主人といっしょに聞いていたところ、彼がいきなり説明をしているマンション事業主に怒鳴り声をあげて猛反対したというのだ。日頃は会うと会釈する程度の仲で、おとなしそうな方という印象だっただけに、日頃のイメージとのギャップからマンション建設よりも、隣のご主人が怖くなり、住みづらくなったという。長年お隣に住んでいても、議論が必要な深い話をしてこなかったので、お隣さんがいきなり豹変《ひょうへん》したように感じたというのだ。

戸建住宅地では、日常的なごみ置場の清掃、自治会などの回覧板の順番決め、植木の手入れや、音、匂い、エアコンの室外機の向きなどお隣とのささいな状況が、自分の家族の住環境に大きな影響を与える要素がたくさんある。だから長年暮らす以上、小さなことでも見過ごすことができないのだ。

新築のときは、事業主も建物のプランや窓の位置、窓ガラスの種類を工夫するなど、お隣と気持ち良く暮らせるように配慮してくれる。しかし、建てたあとで暮らし始めてみると、利便性や、住まいをより機能的にするために、家の細部を改造し、木を植えるなどして庭を造り込み、駐車場の屋根や物置を設置したりして「住み熟し」ための改良が少しずつ加えられる場合がある。

たとえば、お隣さんが駐車場を造るなどして、なんらかの事情で玄関の位置を変えたとしよう。これまで離れていた隣の玄関扉の向きや距離感が変わる。毎朝、玄関を開けるとお隣さんと顔を合わせることになるようになったということは意外とある。また、お隣が設置した物置のために、庭に日が入らなくなってしまう場合もある。

結果的に、ひとつの変化のおかげで、これまでは気にならなかったお隣の話し声などの生活音や換気扇から流れてくる匂いまで気になり始めることになる。近隣との仲が悪くなることで住みづらくなる問題は、住宅性能をいくら良くしたとしても、防ぐことのできない問題だ。お隣さんとの問題の解決方法は、とにかく互いにじゅうぶんな意志疎通を図ること、コミュニケーションを大切にすることにつきる。

ただ、建ってから初めてお隣さんと知り合うよりも、前もって、コミュニケーションを図りながら、より良い関係を築き、計画段階からお隣さんとの関係を始める方法がある。それが、コーポラティブ方式（建設組合方式）による家づくりだ。

コーポラティブ方式は、事前に同じ目的のひとが家の施主となり、事前に顔を合わせ、コンセプトを共有しながら建設していく。この手法を活用した戸建住宅地づくりは、ゼロから始められればそれにこしたことはないが、少しアレンジすれば建築条件が付いた一般の分譲住宅地でも活用できる。たとえば、ごみ置場のデザインを購入者が決める。そのコーディネイトを専門家が行うなどだ。デザインや使い勝手、予算などを考えることで、掃除当番や班分けまでイメージできる機会となる。このコーポラティブの考え方で造られたまちについては、3章で詳しく述べる。

家族の形は変わることを想定する

すでに述べたように、かつての日本の家族のモデルだった「親と子4人」の核家族が全世帯の3割程度となった。また、生まれた子どもは、育つと、家を出る場合がある。逆に、離れて暮らしていた両親を引き取る場合がある。このように、家族の形は変わる。しかし、分譲で買う戸建住宅の場合、一番多くは、3LDK～4LDKだろうか？つまり家族が集い食事を摂るダイニング（D）と、寛げるリビング（L）とキッチン（K）が一体となり、ほかに3～4部屋、それにバスとトイレという間取りだ。戸建住宅では、この3～4LDKがいわばマイホームのスタンダードな形と思われ続けてきた。したがって、家族の形が

将来を見越した住宅設計。
たとえば、親を介護することを想定すると？

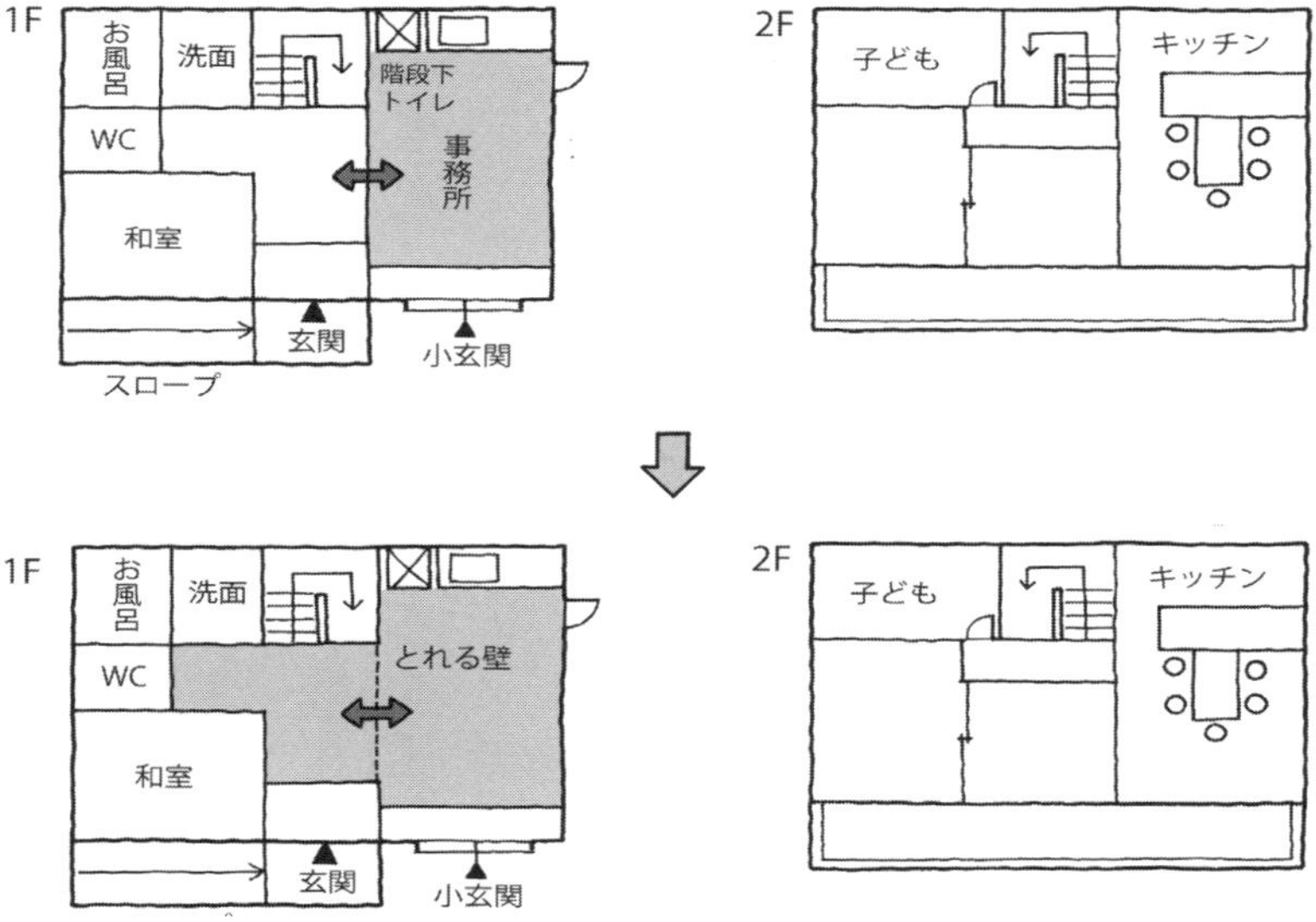

たとえば２世帯住宅を想定して建てた家。
２階は現役世代の住居にし、下を親の介護が必要になったときのことを考えた。建ててしばらくは親との同居は考えなくて良いので、１階は壁で間仕切りし、事務所として利用（上)。親を受け入れる際は壁を取り払う（下)

変わっても、買ったときの間取りに合わせるしかない……。とこんな固定観念を抱いている方を多く見かける。しかし、想定される家族の形に合わせて、柱の位置を前もって決めておけば、将来部屋を増やしたり、減らしたりできるのだ。

将来の家族の形に合わせ、可変可能な構造にしておくことは充分可能だ。

私事で恐縮だが、私は自分の家を建てたとき、いずれ離れて暮らす父を呼ぶことができるようにした。私が家を建てるときは、父はまだ60歳代でいっしょに暮らさなくても良かったし、プライバシーという点からも別々に暮らす方が現実的だったが、将来、父の面倒をみることはおおよそ想定できたので、私は最初から2世帯住宅に変えられるように、柱の位置を考え、壁の間仕切りを移動可能なものとするなどの工夫を施した。1階の間仕切りを外して父の部屋が作れるようにした（図参照）。

また、子どもが巣立ち、部屋が空くことを想定すれば、あらかじめ1部屋分を賃貸として他人に貸せるようにするなど、家族の形、夢の形に合わせて最初から可変可能な作りとすれば、家族の器としての家の可能性は広がると考える。

分譲住宅を申し込むとき、あらゆる可能性を想定し、将来にわたる家族の形を住宅メーカーに相談するといい。

また住居専用地域だと店舗が建てられないという先入観がある。たしかに「第一種低層住居専用地域」は、近くに工場や大きなショッピングモールが建って住環境が悪化しないよう、都市計画法により静かな住宅地を維持するために最も厳しい用途規制がかけられている。静かな住宅地のエリアでは、店舗はいっさい営業できないという思い込みがあるが、「第一種低層住居専用地域」であっても「小規模住宅兼店舗」は認められている[2]。どういうことか？

たとえば、子育てが終わったあとに趣味を活かしてケーキ屋や雑貨店など店舗を開きたいという思いがあるのなら、最初から1階を店舗に作り替えられるようにすればいい。実際、私たちの会社が「第一種低層住居専用地域」の戸建住宅地に建てた住宅は、店舗併用住宅として建てた。もちろん、住宅地内の店舗は業種により、路上駐車が増えたり、深夜や早朝の営業による騒音、店舗から出る匂いなどの問題が近隣に迷惑となることもあるので、ほかの住民の理解を得るなど慎重にならなければならないが。

住宅地のコミュニティの課題あれこれ

計画的に新たに造られた住宅地は、その地域全体で見た場合は、住宅地がひとつのまとまったコミュニティとなる。簡単にいえば、自治会を組織できる。もちろん、自治会は強制ではないので作らなくても良いのだが、作ることで住民同士のより密なコミュニケーションが図れるし、地域の課題をまとめれば、住民総意として地方自治体、住んでいる市町村に要望できる。自治会をまちづくりで積極的に利用するメリットは3章で詳しく述べるが、ここでは、自治会に似た組織として、私たちが各地の戸建住宅地での立ち上げや運営をお手伝いしている住宅所有者組合（管理組合）と居住者組織（自治会）との違いを述べておきたい。

自治会はその地区の居住者で組織するもので、自治会に入るかどうかは任意で、強制はできない。これに対し、住宅所有者組合は文字通り住宅の所有者の組織で、基本は強制加入となる。たとえば、所有している近くのアパートや戸建住宅をだれかに貸すことがある。そこに住む方は、住宅所有者でなく賃借人という立場になり、住宅所有者組合の対象外となる。また、住宅地の共有スペースを共同で管理しようとする場合は、対象エリアの住宅所有者は全員、住宅所有者組合に入ることが前提となる。住宅所有者組合は、共同住宅のマンションなどの管理組合をイメージすれば理解しやすい。ただ、ひとつのエリアで自治会と住宅所有者組合の2つの組織を立ち上げた場合は、構成員がほとんど重なることがある。その場合は、本来別組織だが、自治会と住宅所有者組合の理事などの役員を兼務する場合が多い。

自治会の意義は、住宅所有者以外の賃借人を呼び込むことができるという点だ。現実的なところでは、ごみの出し方やごみ置場の清掃など住宅地ならではの、できればあまり関わりを持ちたくない管理がある。でも、生ごみを出す日を守らない、引っ越しなどで粗大ごみを置き去りにするなどの問題を想定すると、なるべく賃借人にも自治会に入ってもらった方がいい。その場合、自治会は任意なので、たとえばその地域の祭りといったイベントなど参加したくなるような行事を組み入れるなど、いかに入りやすい組織にするかという工夫が必要となる。

細かなところでは、住宅地で自治会なり住宅所有者組合を組織する場合、個人情報保護法を意識する必要がある。互いの連絡や情報発信や収集で名簿管理は重要だが、集めた名簿の管理をだれがどう扱うのか、しっかり決めて置かなければならない。とくに情報が漏れた場合の責任など、年々厳しくなる一方だ。

また、ここ最近増えているのが、海外から来た方といっしょに暮らす場合の慣習や文化の違い、ことばによる意志疎通の問題だ。細かなところは互いにつきあいながら、それこそ手取り足取りで、コミュニケーションを図るしかないのだが、基本は最低限守るルールを明文化することだ。日本人が、つきあいのなかであいまいにしていることを、決まり（規制）として明文化することは、海外からの方の場合は有効だ。明文化は、その文章をまとめる以上に意外と自分を縛ることになる。このことから日本人は、ルールを文章としてはっきり示すことを嫌う傾向にあるが、海外のひと、つまり外の視点から見たときにどの辺が分かりづらいのかがはっきりして、自分たちのためになることもある。意外にも文章をまとめる過程で日本人が説明しなくても当たり前だと思っていたことが、実は当たり前でないということに気付くことが多々ある。

忙しい時代で、それぞれが自治会なり住宅所有者組合の役員をすることは、楽なことではない。そこでインターネットを使ったメールなどの伝達手段に頼ることになる。もちろんかなり有効だが、あまりインターネットに頼り過ぎてはいけない。

直接会って相手の声色や表情を見ながら会話すればどうということがない用件も、メールだと一番伝えたい大切な事柄が伝わらなくて、些《さ》末のほとんどどうでもよいことば遣いに相手がひっかかたりすることがある。隣に住んでいるのに、メールをやりとりしたために大げんかになってしまったという、笑えない例に私は出くわした。インターネットのコミュニケーションには、メディアリテラシーというインターネットならではの利点と欠点をしっかりと認識し、意志疎通の方法の基本を身に付けないと怖い。とくに目と鼻の先に住む住宅地ならば、インターネットは最低限の連絡事項にするというのが、分かりやすい利用の仕方だと思う。

と書くと、細々としてやる気をそぐかもしれない。ただ、主眼は自分たちの暮らすまちを、自分たちのためにいかに快適にするかという点にある。私たちが取り組んできたより具体的な事例は3章「プレイスメイキングからの実践」でまとめた。また、なぜ一見すると面倒臭い、住民組織が必要かについての考え方は、4章の「自律共生型社会を目指して」で詳しく述べたので参考にしていただきたい。

【註】

1　温井達也、花里俊廣、渡和由「青葉台ぼんえるふとグリーンテラス城山における管理活動に関する比較調査」(『日本建築学会大会学術講演梗概集』2007年大会・九州・F1、P1461〜1462)。

2　「小規模住宅兼店舗」は、「延床面積の2分の1まで、50㎡以下」という規定がある。さらに認可協定や任意ルールで、より厳しく規定され店舗ができない場合もあるので、注意が必要だ。

2章 現代、まちづくり事情

1節

「町」「街」、あるいは「まち」の歴史

家が集まると村や町になる。どちらかといえば、町と書けば都市的な意味合いが込められ、村と書けば農村的な意味合いが込められる。物の流れでいうと、村々で生産、収穫された米、野菜、魚、貝、海草などの産物が集まるところが町。だから、村よりも町の方がひとが多く、賑やかな感じがする。

ところで、いつごろから「町」＝「まち」ができたのだろう？「まち」を表す漢字としてほかに「街」がある。「町」と「街」はどう違うのだろう？私の関わっている家と住まいの仕事、具体的には新築一戸建の住宅地でのコミュニケーションづくりという「まちづくり」や、1軒1軒の家の構造や道路の幅や形を整えることで美しい景観を考える「まちなみ」は、いずれも平仮名表記の「まち」が一般的のようだ。

「家」について、器としての house とその器に盛る home という分類で、home に暮らす「家族」の形を第二次世界大戦後からの時代の流れで考えた（第１章参照）。そして、日本が高度経済成長期のモデルであった４人１家族がもはや全体の多数派で無くなりつつあり、より多様な家族の形が見えてきた。私たちが目指してきた「まち」も、そこに住み、集う家族の形を映すだろうし、それによって「まち」の形は変わらなければならないだろう。そうしたことを考えたとき、私たちの仕事の「まちづくり」や「まちなみ」は、時代の要請に応えきれているのだろうか？ そんな素朴な疑問をふと抱いたときに、平仮名の「まち」以外のあり方、具体的には、かつての「町」や「街」の持っていた良いところを活かして、次の時代にあった「まちづくり」や「まちなみ」ができるのではないか？と考えることができる。

ことばは、それを使うひとのさまざまな思いが込められている。「町」や「街」のそれぞれの漢字が背負ってきた歴史がある。そして、その歴史が分かることで「町」と「街」の特徴が理解でき、平仮名の「まち」の特徴が分かりそうな気がする。

中世に登場した賑やかな町

あらかじめ断っておくと、私は歴史研究者ではない。また歴史を明らかにすることが目的ではないので、「町」についての歴史を書くとき、歴史研究の専門家の目から見ると物足りなさを感じるかもしれないが、ご容赦いただきたい。

ただやみくもに妄想をふくらませるわけにもいかない。そこで、手元に「京都における『市民』形成史」と副題のついた『町衆』を参考としてひもといてみた[1]。

まず「町」の漢字には、音読みの「チョウ」と、訓読みの「まち」の読み方がある。もともと「まち」は、あぜ（畔）に区切られた「田」を意味していたという。一方、「チョウ」は「丁」（テイ）で、成人男子1人を意味するという。いわれてみれば「町」は偏の「田」に、つくりの「丁」を合わせたものだ。「一口（一人）の丁によって耕作される田地」（前掲書P42）、つまり成人男子1人が耕す1チョウの田が町、つまり「まち」だといわれれば、なんとなくうなづける。しかし、市街地を意味する「まち」の始まりが田にあったといわれても、正直、まだ距離を感じる。どうして、田が市街地になったのか？

日本史で習った大化の改新（645年）は、広く税を集めるために班田制を広めた。班田制は当時の中国からもたらされたが、まっすぐな線で区切られた班田制は、タテヨコの直線で区切った基盤、条里制の田を基盤としたのだった。田んぼというと四角にくっきり区切られたものというイメージだが、この条里の構図を引きずっていたかとふと気付くと、四角に区切られた田はそのまま、四角に区切られた都の像へとつながる（条理以前の不成形の棚田や谷津田も田としてあったはずだが）。そう、平安京や平城京のあの碁盤目状の都市の条里の姿だ。東西南北を碁盤目状に区切った京都は、四角な１坊を16等分にした１つの区画、「町《ちょう》」を最小単位としたという。こうして田の「町《まち》」は、都の「町《まち》」へとつながっていく。

四角く区切られた田は、１辺は長さの単位として、１区画は広さの単位となった。距離や広さの単位としての「町《ちょう》」は、日本が近代化のために西洋からメートル法を採り入れた

京を例に町の構造をみてみると

東西南北を碁盤目状に分けた京の都の最小単位の「町」は、1辺40丈（約120 m）四方の区域。4町で1保、4保が1坊。つまり1坊を16等分した区域が一町ともいえる（下図）。

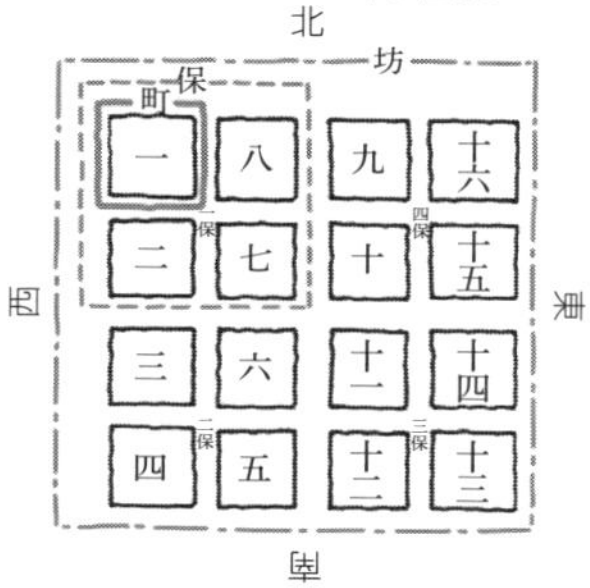

1町は、東西に4行、南北に8門に分かれる。ひとつの区画（戸主（へぬし））は横に細長い短冊状の32区画に区切られる。ウナギの寝床のような京の町屋の原型がここにある

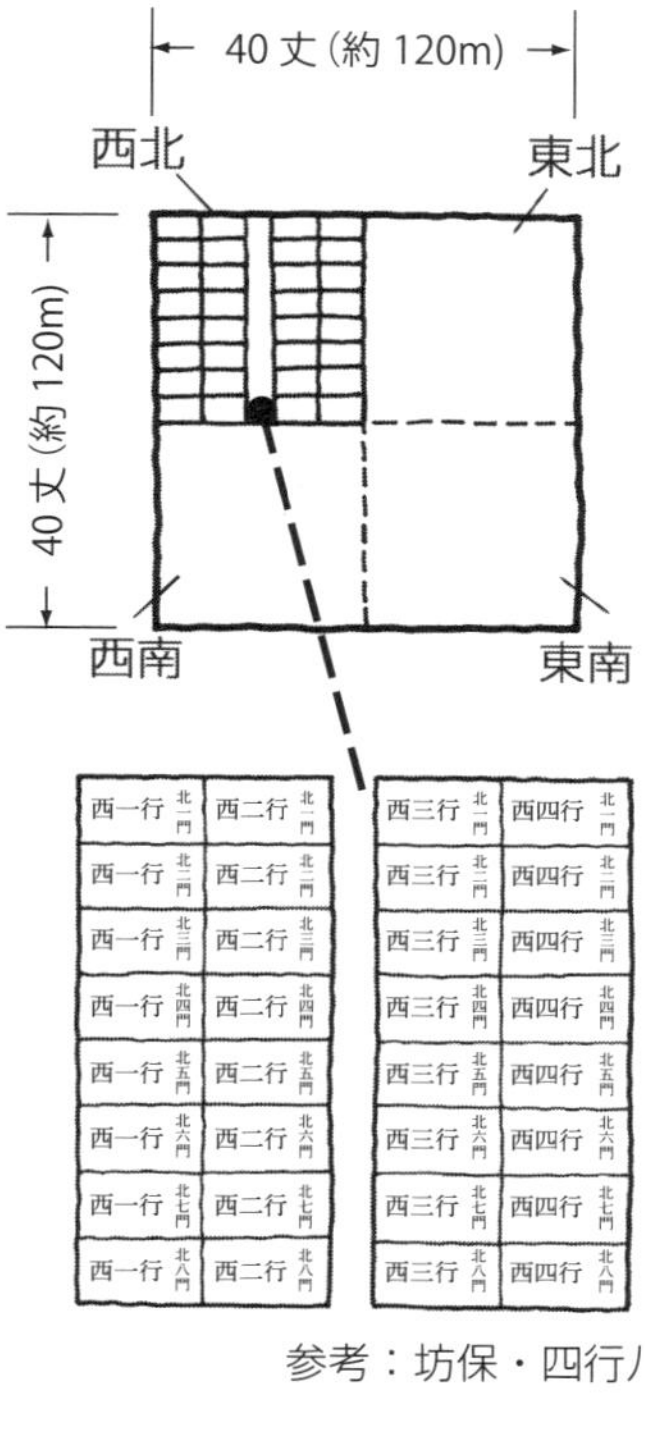

参考：坊保・四行八門図

とき、それまで時代や地域によりばらつきがあったが、明治24（1891）年の度量衡法で、長さの単位1町は60間、360尺、約109m。広さの単位1町は10反、3000歩、約9・91aと定められた[2]。

さて、「町」を基盤とし都市が発展し、京都にさまざまな物資が集中するようになると、それを集め売買する町人、それを加工する職人、さらに物を売買する市が立つ。そこには経済だけでなく市の場を盛り上げる芸能民までが集まり始める。そのひとたちの組織、たとえば、同じような商品をまとめて売買する問屋仲間が形成され、中世の京都でやがて種々多様な町に住む人たち「町衆」が組織される。そのような人たちが住む場所が「町」として、形づくられていった[1]。

また、町の形成期で重要なことは、領主など統治者に対し、町衆は同じ問屋仲間を組織化し、自治を確立したという点だ。そのことで町は統治者の干渉を最小限に押さえるために自らの権利を主張すると同時に、自ら規律を設け、そのことで領主から自治を認められた。こうして町衆は自律することで、互いの利益を共有し合い、種々多様な職能民が暮らす共生関係の場として「町」が形成された。この町の「自律共生」関係をなんとか現代に活かせないかというのが私たちの試みだが、これについてはのちに詳しく述べる。

京都のように、物やひと、情報が集まり、売買される「市」は、中世の日本の津々浦々で定期的に開催されるようになり、やがて市の周辺に家が立ち並び「町」が形成されていく。

その中心が信仰の場（寺社仏閣）である場合は門前町や寺内町、物の運搬の場（港）である場合には港町、物やひとの物流拠点（宿）である場合は宿場町、その土地を治める統治者の居館（城や館）の場合は城下町など、それぞれひとと物が集まる場の性格により、それぞれの町の形と名前が生まれていった。また、伝統的な町並みの構成を表す「町割り」は、そこの統治者が考えた都市計画図とみなすことができる。

かなりおおざっぱだが、「町」の成り立ちを整理してみた。「町」と表記することで、当然そこに歴史性が含まれる。たとえば「町づくり」は、伝統的な「町並み」が残る「町」の再生計画の意味合いが込められる場合が多い。たとえば岡山県倉敷市や埼玉県川越市をはじめ全国の伝統的な町で歴史を活かした「町づくり」はその一例だ。ただ、私たちが取り組んでいる計画的戸建住宅地という新しい場所で、「町」を当てはめて考えると、どうしても一定の距離感というか違和感が出てしまい、「町」は使いづらい。どちらが良いかの判断は読者にお任せし、ここでは「町」と「まち」とかき分けることで、意味合いが異なってくるという点のみ、指摘しておきたい。

比較的新しい視点での「街」－商店街を例に

「町」以外にもうひとつの「まち」と表記される「街」は、音読みで「がい」または「かい」だ。街の漢字のつくりは、「行」と「圭」からなる。「行」が十字路の形を表し、間にはさまれた「圭」が音を表すが、「圭」にも町並みを区切る十字路、あるいは交差する道の意味があり、合わせて大通りなどの交差点や四方に通じる道路を意味するという。しかし、「街」を「まち」と訓で読ませる熟語は、「町」ほど多くない。ほとんどが繁華街、街頭、街道など「がい」あるいは「かい」の音で使われている。

街を「まち」と訓で読ませる使い方として「街づくり」があるが、逆に「町づくり」という表記をあまり見ない。「町づくり」に「町」を用いない理由として、前述したように伝統的な地域の再生や活性化に限定されるという点があるだろうが、多くは地方自治体、つまり市町村で「まちづくり」を行う場合、行政区の単位と混同されやすいからという理由が考えられる。たとえば○○市で取り組む場合「○○市町づくり」となり、市なのに町？という誤解を生む。まして「×××町町づくり」や「△△△村町づくり」はもっと変だ。これらのことから「まちづくり」の意味として「街」が用いられてきたというのはよく分かる。いずれにしても伝統的な「町」に対し、「街」は平安時代までさかのぼることなく、比較的新しいイメージが伴うということはいえるだろう。

たとえば街のイメージとしてぱっと頭に浮かぶのは「商店街」の「街」だ。街という漢字からは原義通り、street、つまり「通り」を連想する。賑やかな界隈を意味する漢字、界隈性を表現するには「街」がふさわしい。界隈は、原義的にはある一定の住区一帯を指すが、それが寄せ集まったときの賑わいのイメージが含まれる。界隈性は、街を考える際には重要な概念といえる。実際、〇〇通り商店街は、全国に数多いが、「街づくり」や「街並み」と使う場合は、商店街に賑わいを取り戻す活性化事業が行われている場合が多い。たいがいは、駅前の再開発ビルや、郊外のショッピングモールの出現によりシャッター通りとなってしまった既存の商店街に賑わいを取り戻そうというのが狙いだ。

　ところで「商店街」という「街」はいつごろできたのだろう？　専門店としての零細小売店が同じ通りに立ち並ぶスタイルの「商店街」が日本にできたのは、それほど古くなく、1920年代だという社会学者の新雅史《あらたまさふみ》氏の指摘がある[3]。新氏によれば商店街の形成過程は次のようになる。

　第一次世界大戦が終わり、戦場となったヨーロッパの生産態勢が復興しアジア市場にヨーロッパの商品が戻ると、日本の輸出産業がダメージを受け、不況となる。その後、関東大震災（大正12（1923）年）、金融恐慌（昭和2（1927）年）、その後のニューヨークの世界恐慌の余波を受けた昭和恐慌（昭和5（1930）年）と日本経済は不況がたて続けに起こる。その結果、農村から都市に大量のひとが流出し、都市の人口が増加する。農村部から出たひとたちが、資金があまりかからず手っ取り早くできる商売として零細小売店に走り、都市にありあまるほど零細小売店が誕生する。この時代、百貨店が大衆化したが、個人経営の零細小売店は生活必需品や身の回りの身近な商品を扱う「横に地を這う

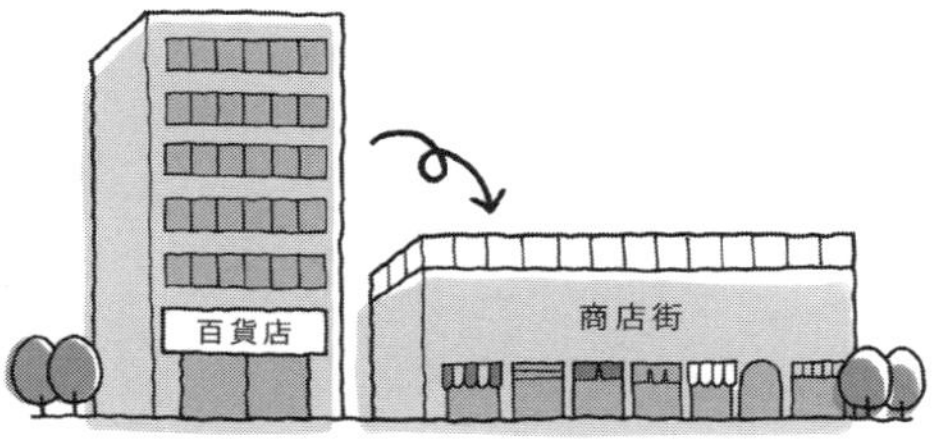

大正〜昭和初期、都市に出現した中小零細の商店街は、同時期に出現した百貨店にたとえ「横に地を這う百貨店」といわれた

百貨店」として組織化されていった（百貨店は縦に伸びた専門店街）。さらに、日本が満州事変（昭和6（1931）年）から日中、太平洋戦争へと突入するなか、戦地への物資調達のために統制経済が敷かれるようになると、商店街は軍部が推し進める経済統制下に組み込まれ、免許制、距離性など規制の対象になっていった。

商店街といえば伝統的な町並みとセットで古いものというイメージがあるが、むしろ近代以降の産物という指摘は新鮮だ。

量から質への転換期の視点での「まちなみ」

第二次世界大戦後、首都圏や近畿圏、地方主要都市の郊外に計画的な都市が造成されていく。団地や戸建住宅からなるニュータウンなどと呼ばれる郊外型都市だが、そこに暮らす住人は昼間は離れた場所で働き、夜に家に帰ってくる。都心と鉄道で結ばれた郊外型都市は、通勤圏内にあり、昼間は人口が減る、つまり寝るためのまちという意味でベッドタウンということばがここから生まれた。

第二次世界大戦後、とくに昭和39（1964）年の東京オリンピックを境に日本全体が大きく「町並み」を変化させていった。当時は、いわゆる戦後復興期の住宅難で、不足する住宅を提供するために日本各地で住宅地開発が推し進められた。

「毎日グラフ」増刊号（昭和 45（1970）年 4 月 2 日、P160）に掲載された千里ニュータウン。「竹ヤブと松林と雑木の山だった千里の丘陵に、将棋倒しの将棋のコマのように大小さまざまの長方形の団地住宅」が立ち並ぶ。この年 3 月に開幕した日本万国博覧会、EXPO'70 のパビリオンが背後に見える（写真提供＝毎日新聞社）

戦後が終わり、1970年代は、住宅開発において「量から質へ」が叫ばれ始めた。高度経済成長期に入った日本経済は、昭和48（1973）年の第一次オイルショックで、経済を動かす石油が無限でないことが分かり、戦後の復興期から右肩上がりで来た経済成長にかげりが差し始めた。

ある時代を語るときには光と同時に陰にも目を向ける必要がある。高度経済成長という光に対し、この時代で象徴的な時代の陰としてのキーワードが公害だ。経済成長と暮らしのバランスという点で、公害問題はバランスを欠いたことで露わになった矛盾で、開発で失われゆく伝統は逆に日本の伝統的な「町」の重要性をあぶりださせることになった。

失われていく伝統的な「町並み」や自然景観、田園景観に替わって都市郊外に誕生した住宅街は、一時期の住宅需要だけでなく、新たな時代の象徴となった。やがて80年代以降は、70年代の反省に立ち、まち全体の統一感、1戸ごとの広さや快適性などが求められるようになった。

70年代から80年代へと移行するまさにその時代、建設省（現・国土交通省）は、住宅政策として「量から質へ」と政策転換を図った。そして、昭和54（1979）年、ハウスメーカーが協同し財団法人住宅生産振興財団を発足させた。財団は建設大臣により認可され、平成24（2012）年に、一般財団法人となった。同財団が発行している機関誌『家とまちなみ』は、2回の創刊準備号に続いて、昭和55（1980）年に第1号を創刊した。機関誌名が「まちなみ」とひらがな表記であることから分かるように、現在、同誌で「まちなみ」を指す場合は、ほとんどがひらがな表記だ。しかし、創刊当時のバックナンバーを追っていくと、「町並み」や「町なみ」、または「街並み」「街なみ」、さらに「まち並み」「まちなみ」とさまざまな表記があり、「まちなみ」というひらがなへとつながる過渡期を感じさせる。

昭和56（1981）年、同財団により設立された「街なみ研究会」を受けて、『家とまちなみ』の第5号は、「街なみ研究会」の9人による座談会を組んでいる。冒頭の話題が「『まちなみ』とはいったい何なのか。また『まちなみ』は、『街なみ』『街並み』『町並み』などいろいろに書かれているが、どんな表現が適当なのか」について議論している[4]。

座談会のテーマは、第二次世界大戦以降の都市開発で破壊され、新しく生み出されていく都市像に対し、伝統的な「まちなみ」をどう評価し直すかがさまざまな視点で語られているが、冒頭のどの表記が正しいかの結論は出ずに終わったようだ。この座談会の出席者のひとりの陣内秀信氏は、最近になって、この座談会を振り返りながら、80年代初頭はまさに「まちなみ」という考え方が広まっていった時代であると指摘した上で「街並み」ということばが、昭和54（1979）年に刊行された芦原義信氏の『街並みの美学』の影響が大きいのではないかと語っている[5]。

量から質への転換期に試みられた「まちなみ」は、ひとつには近代化により失われていく伝統的なまちの景観を読み解くという行為から始まった。都市の再開発や、郊外住宅地の造成にあたり、すべてを取り払いまっさらにするのでなく、その土地の成り立ちがどうであったかを調べ、理解し、評価することで、そこに歴史性を加味する試みだ。

たとえば、同時期の『コモンで街をつくる』の著作で知られる宮脇檀《みやわきまゆみ》氏のデザイン・サーベイ[6]も、景観の読み解きであったといえる。量から質への転換期において、「まちなみ」という観点から戸建住宅地にどのように活かされたのか、そして、そのまちなみが住み手によってどう活かされているのか、宮脇氏のふたつの住宅地を例に考えてみたい。

家の総体として住宅地をデザインする試み

宮脇氏は、日本が高度経済成長期にある１９６０年代後半から70年代にかけて、日本の伝統的なまちなみをくまなく調査し、記録に残す「デザイン・サーベイ」を行った。この実績をもとに、70年代後半以降、各地の計画的戸建住宅地で、まちなみコーディネーターとして活躍した。まち全体に統一感をもたせ、新たな戸建住宅地の共用空間（コモンスペース）をコモンと名付け、緑の多い、美しいまちなみ形成の先駆となった。

私は、宮脇檀氏の設計事務所が手掛けた福岡県北九州市「高須青葉台ニュータウン青葉台ぼんえるふ（１０６戸）」と、愛知県小牧市「桃花台ニュータウングリーンテラス城山（１００戸）」の調査研究をさせてもらったことがある[7]。

青葉台ぼんえるふに付けられた「ボンエルフ」は、オランダのまちづくりで採り入れられている「歩行者と車が共存する生活道路」のことだ。計画的戸建住宅地において、日本でいち早くボンエルフを採り入れたのが宮脇氏だった。このほか、計画的戸建住宅地に小さな公園などのコモンを採り入れたのも宮脇氏だ。その先駆的業績をまとめたのが、著書『コモンで街をつくる』だ。私はその著作に出会い、日本のまちを住みやすくデザインする手法はここにあると強く感じた。

コモンは、1980年代以降の戸建住宅地のまちなみを考える代表的な概念のひとつだ。それは、戸建住宅地の共有の財産として、また良好な環境づくりの要の共用空間として、まちに暮らすひとびとが共に活用する場にしようとするものだ。しかし、現実には、新しい戸建住宅地を開発する場合は、手順としてデベロッパーなどの造成が先行し、造成が終わった段階でコモンを設けようと思っても、すでに家を建てるための敷地割りが決まっているのでうまくいかない。また、その所有や管理方法などを巡り、行政との調整や、設置の費用負担、管理運営面での問題解決など、数々のハードルがある。

私が調査したのは、平成15（2003）年。宮脇檀氏は平成10（1998）年に、62歳ですでに亡くなっていたので、残念ながら宮脇氏ご本人からお話しを聞くことはかなわなかった。しかし、有限会社宮脇檀建築研究所の所員だった二瓶正史《にへいまさぶみ》氏と、平山郁朗《ひらやまいくろう》氏らが独立して宮脇氏の意志を受け継いでいた。おふたりから宮脇氏やおふたりご自身の考えを聞くことができた。

調査対象とした2つの住宅地は、グリーンテラス城山が平成1（1989）年、青葉台ぼんえるふが平成5（1993）年と、規模、開発の時期、デザイン手法がほとんど同じだった。2つの住宅地とも、コモンを中心としたまちがデザインされ、たとえば「クルドサック（袋小路）」という自動車を住宅地に入れないための道路を設けたり、フットパスと呼ぶ生活者に身近な歩道で家と家を結ぶなど、コモンを中心に家々がつながる仕掛けが自然な形で張り巡らされている。また、まちの住民が気軽に集えるオープンスペースとしてコモンが機能し、近所同士が、顔を合わせ、顔見知りになり、つながることができるように工夫されている。

私の調査研究のポイントは、デザインの違いではなく、同じようにコモンを採り入れた2つの住宅地で、そのデザインコンセプトが実際の活動にどう活かされ、またどこに違いがあるかだった。二瓶氏、平山氏のおふたりは、もともと宮脇檀研究室の所員であり、そのデザイン手法や宮脇檀氏の考えについて精通している。ふたりへのヒアリングから、どちらの住宅地も宮脇氏のコモンを活かしたデザインや設計手法が活かされていることが見えてきた。

二瓶氏からお聞きした話の中で、とくに興味深かったのは、住宅地ができ上がったあとの細やかなデザインをどう管理するかなど建てたあとの将来を視野に入れて設計していた

福岡県北九州市の高須青葉台ニュータウン青葉台ぼんえるふのボンエルフ道路（撮影＝ 2004 年）

愛知県小牧市の桃花台ニュータウングリーンテラス城山のボンエルフ道路（撮影＝ 2004 年）

点だ。具体的には、住民同士で建築協定やガイドラインを設け、それを住民に分かりやすく説明会を開いたのちに住宅所有者組合を設立、運営しており、その活動が調査時点で継続していた。私が、アメリカで見てきたHOA（Home Owners Association）が日本でも実践されていたのだ。さらに、まちの管理を住宅所有者、つまり住民だけに任せず、外部の専門家が継続支援している点におおいに注目した。私が調査したとき、外部専門家として二瓶氏がまちの設計者として招かれ、建てたあとも継続して保守管理を支援していた。

2つの住宅地、ぼんえるふと城山のどちらも、自分たちのまちがどのようにデザインされ、設計されたのかを理解し、それを活かすために自治会とは別に住宅所有者組合を作り、継続的な活動が行われている点は同じだった。ただ、ひとつ小さな違いが目に付いた。それは、散歩で連れてくる犬のおしっこの対策だった。

住宅街で、犬を連れた散歩はのどかな風景のひとつだが、そこに住むものとしては、散歩のときの置きみやげ、糞や小便が悩みの種となる。糞の場合は、ルールがある程度徹底され、処理用の袋を持ち歩き、回収していく飼い主が多いが、小便の場合はその場にしみこむので、匂いだけが残る。この対処をどうするか？ 2つの住宅地でもそれぞれこの問題を議論した。そして、グリーンテラス城山では、一般的な対策ともいえる「○○禁止」の看板を立てた。これに対し、青葉台ぼんえるふでは、看板があるとまちの景観を損なうことにつながるので、声掛け運動を展開することになった。声掛けは、同じ住宅地内で住

グリーンテラス城山のフットパス（右）、犬の散歩をするひとに協力を呼び掛ける看板（撮影＝2004年）

んでいるひとには気持良く受け止められ、外来者にはマナーを守らないと気まずいぞという雰囲気を生み出す。この内部と外部との受け止め方の違いが声掛けの効果に表れる。つまり「ここは小便を遠慮してもらっています」という掛け声は、たんに犬の小便をさせないというだけでなく、結果として他者を住宅地に侵入させない見えないバリアーとなった。

もちろん、グリーンテラス城山も、青葉台ぼんえるふも、どちらの住宅地もデザイン面や所有者組合の活動など住環境でも優劣つけがたい高い価値を有していた。調査当時、グリーンテラス城山はそこに住みたいという人が空き家が出るのを待っているほど高い評価を得ている。

私のまとめとしては、あえて2つの住宅地の比較の結果、デザイン設計やそれを形にする初期の設備費用以上に、完成後にそれを管理し、維持する保守費用、そして住民同士を共通のより高次の目標に向かわせるコミュニケーションの在り方が大切だという点に着目した。そして、コミュニケーションをスムーズに行うのにもっとも有効なのが、祭りなどの催事だった。

青葉台ぼんえるふの住民同士のつながりの強さを示すエピソードを紹介したい。たまたま住民総出で行う草取りを見る機会があった。そこで、背中を向けてもくもくと草取りを行うひとりの男性がいた。彼は、そのまちの住宅所有者組合の理事のひとりで、まちのまとめ役なのだが、みなが終わってもまだ草取りを続ける。そこへ、見かねてあるひとりが「も

青葉台ぼんえるふの植栽を活かした外構（右）と、子供も含めてみんなで行う共用のコモンスペースの清掃（撮影＝2004年）

う終わりにしよう」と声をかけたところ、「おれたちのやっていることは子どもが見ているんだ」とぼつりと言った。

私は、「子どもは親の背中を見て育つ」という日本古来の格言を思い出した。ヨーロッパやアメリカのまちなみの考え方、デザインを取り入れたまちの運営においても、意外にも日本の古くからの考えが生きていたという驚き。

すぐれたデザインをどう活かすか、とくにまちはひとが暮らすことでまちとなる、そのためにそこに住むひとりひとりの信頼とセンスが大切になると確信した瞬間だった。そして、まちはでき上がったところで終わりでなく、そこからがスタート、家やまちは「住み熟《こな》す」ことで、暮らしやすくなるという良き事例を学ばせてもらった思いだった。

宮脇檀氏のデザイン・サーベイなどの模索のなかで「町」や「街」でもない「まち」が少しずつ使われ始めた。１９８０年代以降は自然を意識した環境や共生というキーワードとともに、「まちづくり」「まちなみ」の平仮名表記が多くなっていく。そして、「まち」には時代ごとの影とその先にある夢や希望がこめられる。

自動車社会と「まち」の形

まちは、つねに時代の状況に左右される。経済に翻弄された80年代後半から90年代は、規制緩和という外圧によって日本社会が大きく転換する時代だったといえる。それまでは距離制限により米穀店や酒販店は、ひとつのエリアに出店できる店舗数が決められていた。裏返せば、新規参入をはばむ障壁であり、商店街のお米屋さんや酒屋さんは保護政策の象徴だった。

２０００年に施行された大規模小売店立地法により、大型小売店の店舗面積や、営業時間や年間休日などについて地元の商工会などとの調整を撤廃し、大型ショッピングセンターの進出を可能とした。距離制限で出店や販売が制限されていた酒も、スーパーマーケットで販売が可能となった。たとえば高価な外国産ビールがスーパーマーケットで価格破壊として安売り対象となった。全国津々浦々にあった商店街が郊外のメガモールの進出により、駆逐されていく時代の幕開けだ。

従来の商店街を中心とした「まち」は、衰退し、いわゆる「シャッター通り」が増えていった。メガモールとよばれる大型ショッピングセンターは、新たな「まち」の賑わいをもたらした。また、「まち」に新たに誕生したコンビニエンスストアは、日常生活に必要不可欠な商品を最大公約数として品揃えし、すっかり定着したばかりか、銀行や公共料金の支払い窓口となり、「まち」の界隈性の維持になくてはならない存在となった。

こうした「まち」の変化の根底に、自動車社会がある。郊外型ショッピングセンターは、移動手段として自動車の存在を前提としなければ成り立たない。田んぼのなかを片側２車線のまっすぐなバイパスの先に巨大なショッピングセンターが突如現れるという2000年代の日本のスタンダードな景観は、自動車を抜きにしては不可能だ。

自動車、とくに一般家庭で通常保有する乗用車（マイカー）の保有台数の推移を見ると、昭和45（1970）年は1人当たりは0・07台、つまり約15人に1台の割合で、1世帯当たりは、0・23台、つまり約4世帯に1台の割合だった。これが30年後の平成12（2000）年は、1人当たり0・41台、つまりほぼ2人に1台。1世帯あたり約1台の割合となった。2000年以降この割合に大きな変化は見られないから、2人家族の1世帯に1台の自動車保有というのが平均的な日本の自動車事情ということになる。当然、「まちづくり」においても、地方自治体や国が造る道路の道幅、商業施設や住宅開発における駐車場スペースの確保など自動車を前提として考えられている。

自動車と住宅地との関係について考える上で、経済学者、宇沢弘文《うざわひろふみ》の指摘は忘れることができない[8]。ジョン・スチアート・ミル、ジョン・デューイのリベラリズムの思想を受けたソースティン・ヴェブレンの制度学派と呼ばれる経済学をアメリカで学んだ宇沢弘文は、日本に帰国してひんぱんに行き来する自動車を避けるようにして子供が遊ぶ風景に衝撃を受けた。自動車が我が物顔で行き来するのは、高度経済成長期の日本の「まち」の象徴的な風景で、宇沢が目の当たりにしたこの時代を象徴することばとして交通戦争があった。そもそも「まち」はひとが歩いて行き来するのが原則で、自動車が我がもの顔に行

自動車とまちの関係を考えてみる

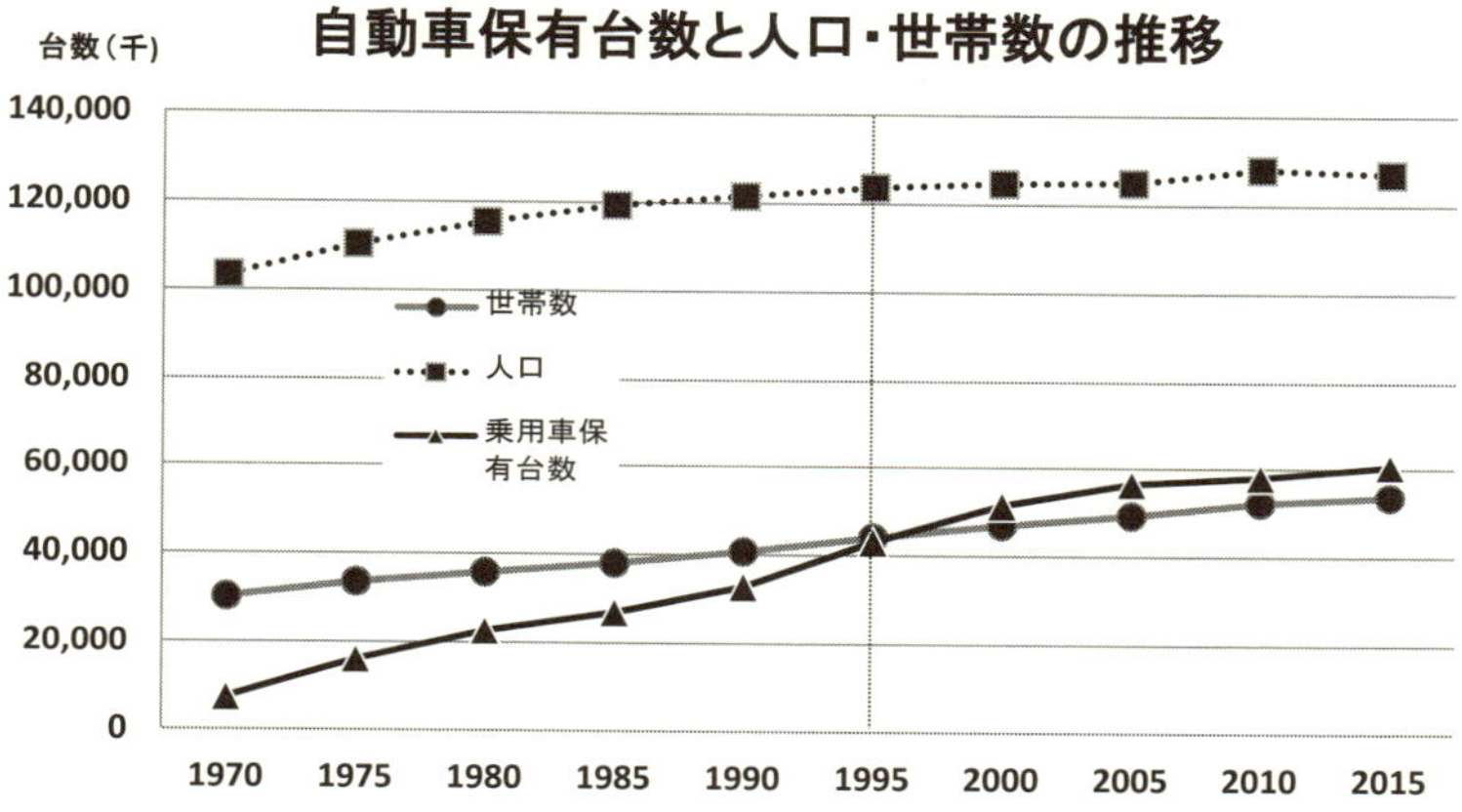

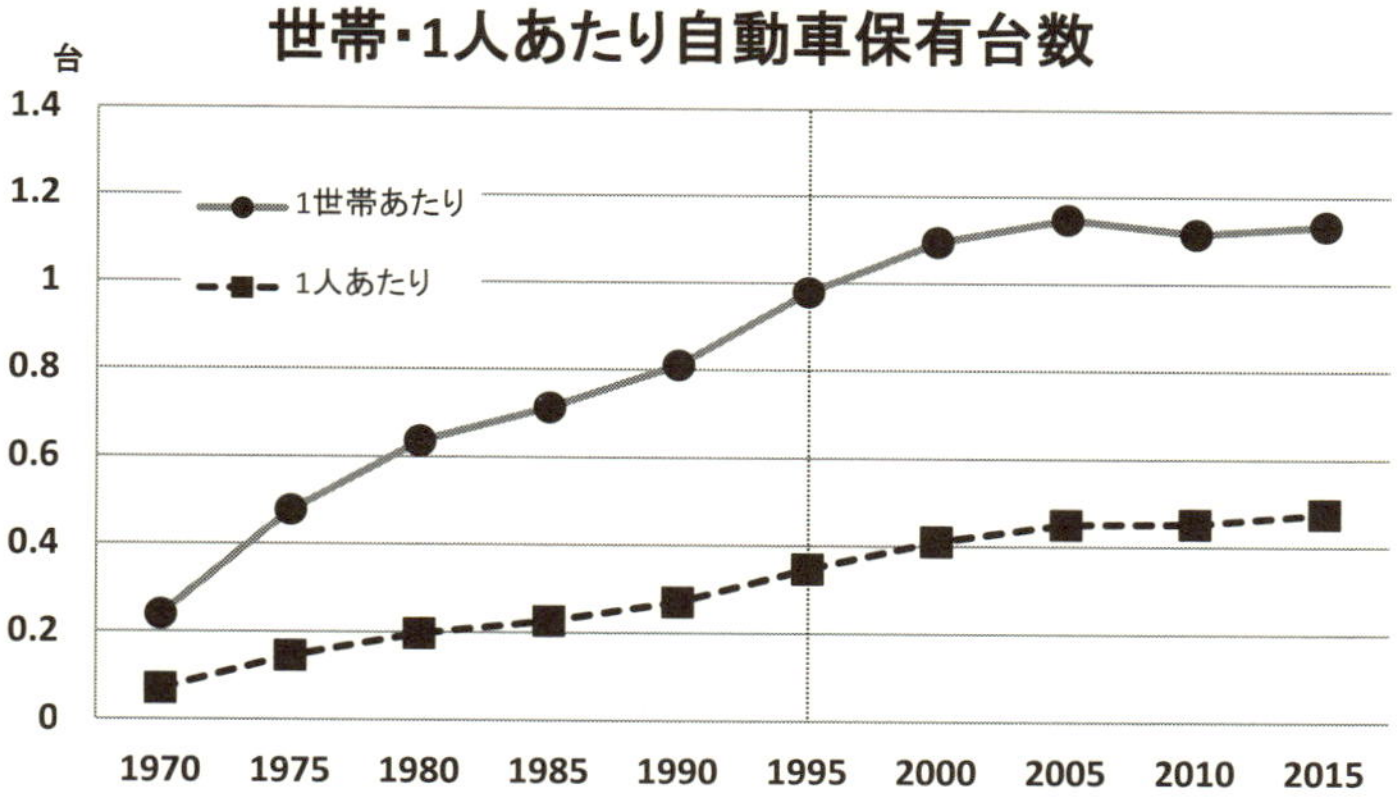

自動車は現代生活で不可欠な交通手段だが、住宅地環境と自動車は両立しない。住宅地に向かうまでは自動車は必要かもしれないが、住宅地での生活は自動車より歩くことを優先した方が静かで安全が保たれる。住宅地で歩行者と自動車がどうすみ分けるかが現代のまちを考える上で大きなテーマだ。

グラフから自動車の数が世帯数を上回った、つまり1世帯あたり1台となった平成7（1995）年がひとつの転機といえる。

なお、世帯数、人口は総務省統計局のデータによる。乗用車保有台数は自動車検査登録情報協会による（貨物自動車、乗り合い自動車、特殊車両、二輪を含めない）

き来する光景は、文明国家としておかしいと直感した宇沢は、自動車を社会的共通資本として位置づけ、そこにどのような経済的合理性があるのかという視点から自動車の社会的費用を明らかにした。

戸建住宅地にとって自動車は悩ましい問題だ。住宅地の住民が移動手段として自動車を使ってはいるが、住宅環境として自動車の通行を自由に認めたくはない。できれば、住民以外の自動車は進入させたくない。そこで住宅地開発で採り入れられたのが、自動車と共存する考え方だ。

自動車とひとが共存するあり方として、１９８０年代以降に設置されたもののひとつにボンエルフがある。ボンエルフは、オランダ発祥で、オランダ語で「生活の庭」を意味する。日本では先述した宮脇檀氏らにより「歩車共存道路」として戸建住宅地に採り入れられ始めた。ボンエルフは住宅地の入口にでこぼこのこぶ（ハンプ）や、道路にはみださせる植え込み（フォルト）など自動車の速度を自然と落とさせる仕掛けとなっている。また、フランス語で「袋の底」を意味するクルドサックと呼ばれる袋小路により自動車の住宅地への進入をしづらくする工夫がある。袋小路といっても行き止まりでなく、住宅地の進入道路の先にロータリーなどを設けるやり方で、自動車を入りにくくしている。

自動車とひととがどうすみ分け、ときに共生するか。自動車の出現は、「歩く」というひとにとってより本来的な機能を疎外する。となると、歩く楽しみを取り戻すことが、「まちづくり」の課題となってくる。それは、当然、まちの形に現れ、現在の「まち」のあり方も自動車をどう位置づけるかが大きなウエイトを占めている。そのための形として具体的に何があるかは、次に考えてみたい。

【註】

1　林屋辰三郎『町衆―京都における「市民」形成史』（中公新書、１９６４年）。

2　小泉袈裟勝『図解・単位の歴史辞典』（柏書房、１９８９年）。

3　新雅史『商店街はなぜ滅びるのか』（光文社新書、２０１２年）。

4　「座談会　街並みを考える」（住宅生産振興財団、『家とまちなみ』２巻３号、１９８１年）。

5　陣内秀信「『まちなみ』研究の歩みを振り返って」（住宅生産振興財団、『家とまちなみ』35巻74号、２０１６年）。

6　宮脇檀建築研究室編『コモンで街をつくる―宮脇檀の住宅地設計』（丸善プラネット、１９９９年）。宮脇檀＝みやわき・まゆみ（１９３６〜１９９８）。

7　第1章3節、註1参照。

8　宇沢弘文『自動車の社会的費用』（岩波文庫、１９７４年）。宇沢弘文＝うざわ・ひろふみ（１９２８〜２０１４年）。

2節

まちの間取りを考えてみる

町から街へ、そしてまちへの表記の変遷は、たんに文字面だけにとどまらず、まちの形、ひいてはまちに住まうひととひととの関係すら規定することがあることがある程度見えてきた。広い意味でのまちづくりそのものを考えることが本書の狙いではないし、私にその力はない。何百年にわたる町、街、そして近々のまちの歴史をわずかな紙幅で語ること自体できようはずもなく、無茶であることは充分承知の上だ。ただ、こうしたおおまかな歴史の流れをつかむことで、将来的にどのような住みやすいまちをつくればいいか、イメージしやすくなるのではないかと思う。

過去からの歴史の延長にある将来のまちの姿とは、どんなだろう？　将来のまちの姿をイメージし、共有するために、ここで「まちの間取り」というようなものを考えてみたい。

「まちの間取り」は、家の間取りと同じように、ある計画的な戸建住宅地をどのような間取りにするか、1戸1戸の家の敷地面積、その家の配置などの区割り、さらに道路の幅、景観などの要素をどう組み合わせるかを想定していく。

間取りという概念をまちに当てはめることで、まちの形がイメージしやすくなると同時に、ある程度まちの形をパターン化することで、住みたいまちのイメージを何人かで共有することができる。どんなまちに住みたいか？　どんなまちが理想か？　といったイメージを多くの方と共有化できる。そして、最大の効果は、だれかに与えられたまちではなく、自らが主体となってつくり、育てるまちを考える上で、そこにある課題が共有できるという点だ。

これまでのまちづくりは、まちの形はすでに与えられていて、本来主体となる市民や住人は、すべてお膳立てが済んだあとにテーブルに着き、そこで初めて自分たちの住むまちについて考えるということがほとんどだった。そうした状況で、改めて市民が主役のまちづくりといわれても、何から手を付けていいのか皆目見当がつかない場合が多い。市民やそこに暮らす住民が主体となるには、まちとはどんな構成でつくられているかを市民（住民）の側が知り、最低限度の知識を身に付けなければならない。そのためには、具体的な共通のイメージを共有する必要がある。この試みは小さな一歩だが、市民が主体となるまちづくりに少し近づけるのではと考える。まちの間取りはひとつのツールに過ぎないが、まちの間取りを考えることで、普段意識することがなかったまちを成り立たせているさまざまな要素について、意識に上らせることができると思う。

「まちの間取り」を考える要素と立場

私が常日ごろ関わっている計画的に造られた戸建住宅地の住人の多くは他所《よそ》から移ってきたひとたちだ。こうした新しいまちには、ひとの数だけイメージするまちがあるといえる。育ってきた環境、そして今ある状況、将来の夢などそれぞれに異なるバックボーンを持つひとびとが、さまざまな場所から集うのだから当然だ。ここでは、だれもがまちの設計者となり、それぞれ理想とする架空のまちの間取りを考えてみる。

まず、まちを構成する主な要素について確認してみよう。イメージしやすくするために、なるべくシンプルに、機能を「ハード」と「ソフト」、さらに運営・管理するための「サービス」の3つに分ける。さらにそれを要素ごとに分け、要素にあてはまる関連語を参考として列記する。関連語のなかには専門的な用語も含まれる。また、関連語はあくまでも任意で抜き出したので、すべてを網羅しているわけではない。あくまでイメージする上での参考例とお考えいただきたい。

さらに、まちの間取りを考える上で大切なのは、だれの立場で考えるかだ。たとえば、

＊左ページの表の「ソフト」の「ルール」については法的拘束力、ルールの及ぶ範囲や何を対象としたものかによって任意、認可、行政による地区計画や景観計画がある。→P 117 参照

まちの要素

機能	要素	関連語
ハード	道路	幹線道路、準幹線道路（コレクター道路）、路側帯、アプローチ道路、緑道、クルドサック（袋小路）、クランク道路、歩行者道路
	街区	背割り線、旗竿敷地、クラスター（房）、グリッド
	家、家並み	戸建住宅、集合住宅（マンション、アパート）、駐車場
	公園	都市公園、街区公園、近隣公園
	共有地、共有設備	集会場・クラブハウス、ごみ集積所、広場、監視カメラ、テニスコート、井戸、防災発電機・蓄電池
	公共施設	役所、警察、消防署、郵便局、幼稚園・保育園・こども園、学校、介護施設、病院
	事業所	商店、銀行、コンビニ、ショッピングモール、工場、会社
	ライフライン	上下水道、電気、ガス、通信設備、電線埋設
	交通手段	鉄道、バス、自動車、自転車
	自然環境	シンボルツリー、街路樹、生産緑地、川、用水、調整池、森や雑木林、農地
ソフト	ルール	さまざまな法律*、所有方法・形態（個人所有、共有、定期借地権）、組合・自治会規約
	デザイン	景観協定、緑地協定、建築協定、デザインガイドライン
	組織	PTA、自治会、住宅所有者組合、NPOなど
	賑わい	催事、祭礼
	訓練	防犯・防災組織、ハザードマップ
サービス	街区、街路管理	樹木剪定事業、緑地管理事業、住宅所有者組合委託事業
	衛生管理	ごみ回収サービス、ごみステーション清掃、下水道管理、排水溝清掃、井戸メンテナンス
	セキュリティ管理	地区内見回り、監視カメラ管理事業、防犯設備メンテナンス
	コミュニティ運営	まちづくりアドバイス、自治会・住宅所有者組合の管理委託、イベント運営

住宅地を開発するデベロッパーや家を販売するハウスメーカーなど「売る」立場。まちに暮らし、家を「買う」立場。さらに、道路やごみ収集、安全を守る街路灯や小学校などの教育施設などを設置し管理する「公的」立場などがある。どの立場かをはっきりさせて、考えるべきだが、ここでは、「公的」立場はひとまず置いておいて、主に「売る」「買う」という双方の立場で考える。

以上の点を理解して、まちの間取りを以下の3つのパターンで考えてみよう。

まちの間取り【その1】背割りのまち

もし、あなたがまちの設計者だとしたら、それぞれどんな構成要素で、まちを組み立てていくだろうか？ここでは、だれもがイメージしやすいように、複雑な要素は省き、最も基本的な左記のような要素で考えてみることにしよう。

- 一戸建の建て売り住宅地を開発
- 住宅地の面積は40×90m四方（0・36 ha）
- 住宅地は開発事業者（デベロッパー）が所有
- 各家は自動車を2台ずつ所有
- 近くの駅まで片側2車線の幹線道路を通って15分程度かかるという立地条件

まず必要なのは、家を建てる街区の単位、ロットが問題となる。40×90m四方の土地に何戸くらいの住宅を建てるか？もしあなたが売る立場、デベロッパーや住宅メーカーなら、ひとつのロットをなるべく効率良く長方形に区切って、たくさんのロットを用意するだろう。ただ、条件として、各家に2台の自動車の駐車スペースが必要だから、各家の最低限の敷地面積はある程度必要で、おおよその1区画を約60坪（198㎡）で考え、自動車がすれ違える幅などを考慮し、家の前の道路は最低6mを前提に考えてみる。

家の間取りを考えるように、
まちの間取りを考えてみる

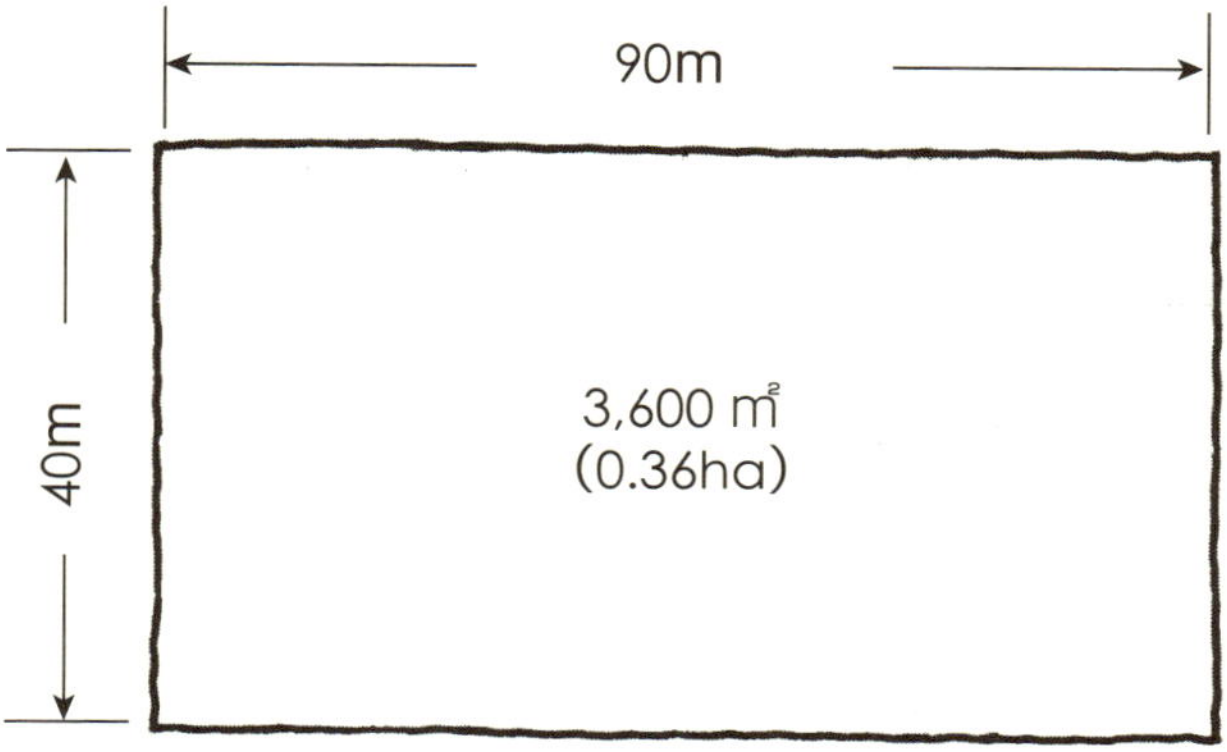

まちの広さは、上のように縦 40 m×横 90 mの街区を想定

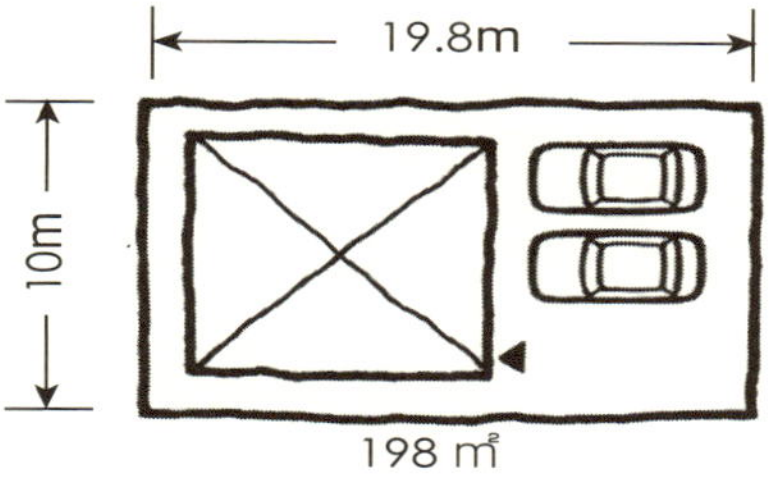

1 区画あたり、1 軒の家に対して、自動車を 2 台保有

「まちの間取り」を考える上で、まず考慮すべきは道路だ。普段何気なく利用している道路は、国の法律の道路法により、道路の管理、構造、保全、費用の負担区分ごとに基準が決められ、国道や県道、市町村道などの指定、認定がなされる。それとは別に、道路の役割に応じてヒエラルキーで決まる道路の段階構成がある。道路段階構成は、交通量などの処理能力と生活空間としての利用価値の両面からランクが決められ、高次から順に、自動車専用道路、幹線道路、準幹線道路、区画道路などとなる。通常、戸建住宅地へは、幹線道路から準幹線道路により導かれるが、準幹線道路は、その構成要素や役割により骨格道路、コレクター道路とも呼ばれる。また、準幹線道路からさらに細かく分岐し、それぞれの住区へとつながるのが区画道路で、アプローチ道路とも呼ばれる[1]。

道路の基本的位置づけを確認できたら、いよいよ「まちの間取り」を考えてみよう。まず住宅地を開発し、分譲する立場から効率良いまちの間取りは、家と家との裏側の境界線、背が向き合う「背割り」だ。

まちの間取り【その1】

住宅地をもっとも効率よく取る背割りによる住区。家と家は背中合わせで、住区は縦に６ｍ道路（黒色の帯）が貫いている

1区画＝約195㎡（約59坪）

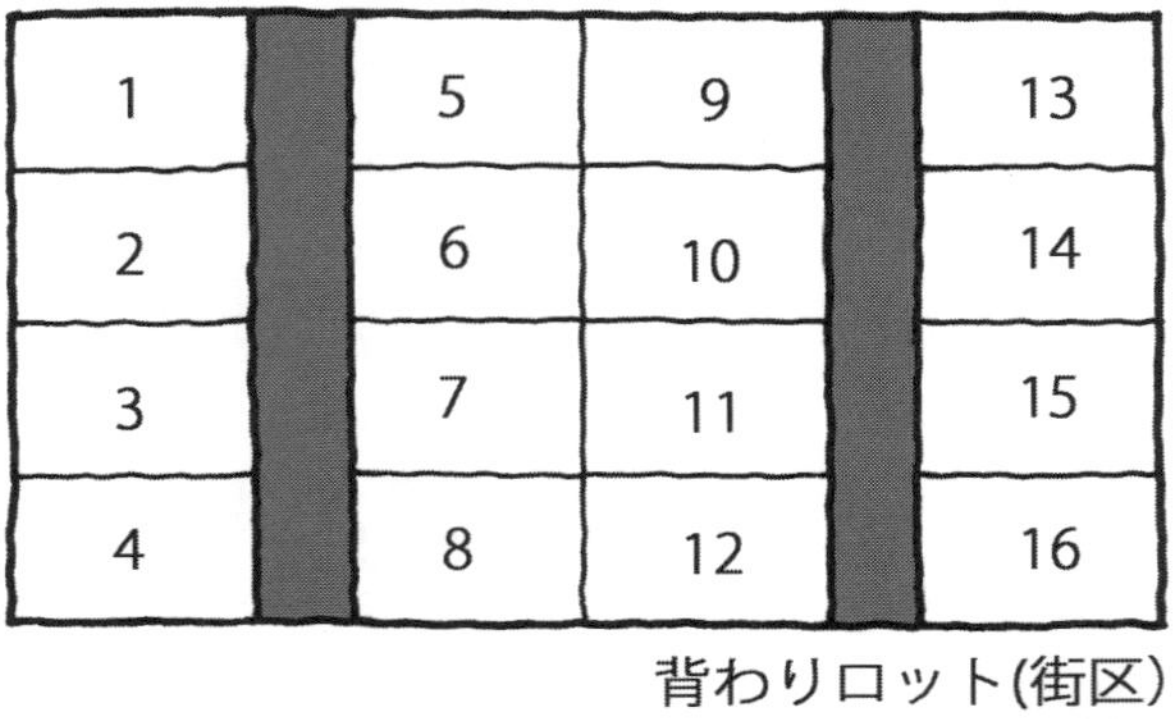

これは、日本で高度経済成長期の住宅開発によく採られたシンプルな方式でもあり、また古くは江戸時代などの長屋などでも採られた伝統的な街区だ。

ところが、住む立場、つまり住宅地を買う立場になると、真四角な家だけが直線的に立ち並ぶ住宅地はどうも味気ない。第一、おしゃれじゃない。また、リビングが南側に面していればいいけれど、背割りの反対側、つまり背中合わせの北側にリビングが面した家が半分は出ることになる。北側に面した家は、つねに日当たりが悪くなる。販売する側で、北向きの家の価格を下げるという方法はあるが、同じ住区でありながら、日当たりが極端に違うというのも、買う立場からすれば避けたいところだ。

さらに、住区全体の問題として、自動車の通行がある。

自分の家の自動車が自由に出入りできるということは、外からも自由に立ち入れるということだ。ひょっとしたら、朝夕のラッシュ時間帯などは、時間短縮の抜け道として利用されるかもしれない。それに、学校から帰った子供はどこで遊ぶのだろう?家の前はすぐ道路で、自動車がばんばん通る道路ではさすがに遊べ

まちの間取り【その1'（改良版）】

背割り住区に歩道を設ければ、歩行者に配慮することができ、安全性が増す。ただし同じ戸数を分譲するという前提だと、1戸当たりの敷地面積は少し小さくなる

1区画＝約180㎡（約55坪）

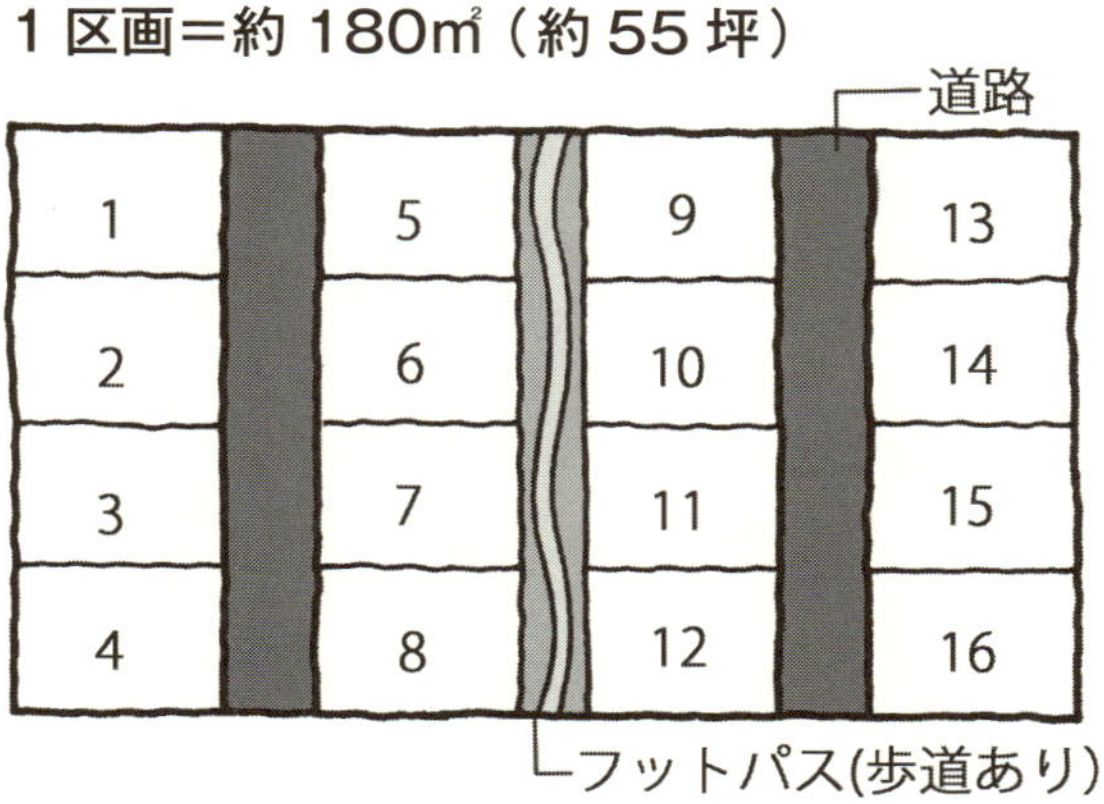

ない。さあどうしよう?

一見効率的な「背割り」住宅だが、こうして見ると、安全面などの居住性での課題、景観面で統一感のないまちなみなど、いくつか問題点に気付く。

まちの間取り【その2】公園のあるまち

思い思いの家が背割りで立ち並ぶ住宅地はともすると効率優先で、子供たちの遊び場やゆとりある空間がとりづらい傾向にある(実際は背割り住宅地でも工夫次第で、ゆったりとした空間が生み出せるので、必ずしも、背割りだから窮屈ということはない)。では、自然をある程度確保し、子供が安全に遊べるようにするにはどうすれば良いのだろう?子供が安全に遊ぶために必要なまちの間取りとして工夫するとすれば、ひとつは道路の設置の仕方がある。これについては、【その3】で考える。ここでは、公園を設けるという場合を考えてみたい。

子供の遊び場、あるいは住民が憩える場、自然を確保するた

まちの間取り【その2】

子供が安心して遊べる場として、また住民同士の交流の場として公園を確保。分譲数は10区画と背割りの場合より6区画少なくなる

1区画=約240㎡(約73坪)
公園=約680㎡(約109坪)

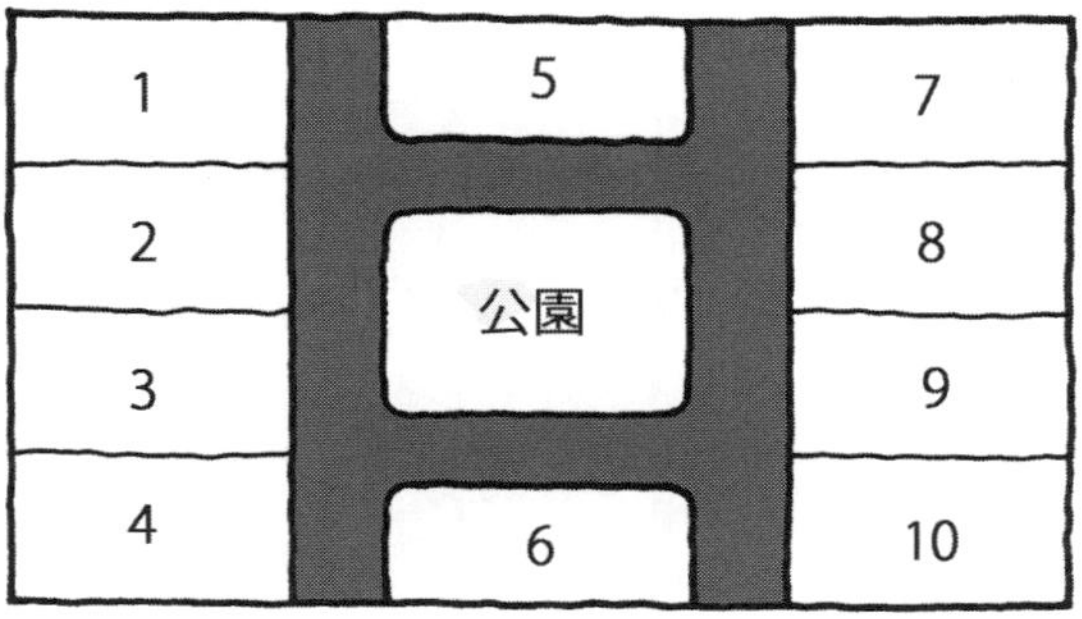

めにまちに公園を設置しよう。遊具は？公園の名前は？など想像がふくらむが、住宅地で公園を設置する場合に、ひとつの基準となるのが、国土交通省が市街地における公園面積の割合を定めた「都市公園法」による設置基準だ[1]。たとえば、都市部の市街地において公的緑地率３割が望ましいとされ、より身近な住宅地の公園である「住区基幹公園」の割合は１人あたり５㎡が目安とされている。そして、「住区基幹公園」として設置されるエリアの範囲に応じて、１㎞範囲内の「地区公園」、５００ｍ範囲の「近隣公園」、２５０ｍ範囲の「街区公園」と分けられている。このなかでもっとも身近なのが「街区公園」で、今回はこの「街区公園」を設置することを想定してみよう。

　街区公園は、宅地全体の１割弱、仮に３６０㎡を目標に設定してみよう。

　では、まちの間取りを考える場合、公園を住宅地に設置する場合、だれが造り、だれが費用を負担するのだろうか？　公園は通常は、市町村が設置し管理する場合と、開発者が設置し市町村に移管する場合がある。後者の場合、通常は市町村へは無料で土地

まちの間取り【その2'（改良版）】

街区の入口の真正面に公園を配置すればアイストップになり、車は進入しづらなり、見た目も美しい。分譲戸数は多いが１戸あたりの敷地は小さくなっている

1区画＝約198㎡（約60坪）～約200㎡（約61坪）
公園＝約307㎡（約93坪）

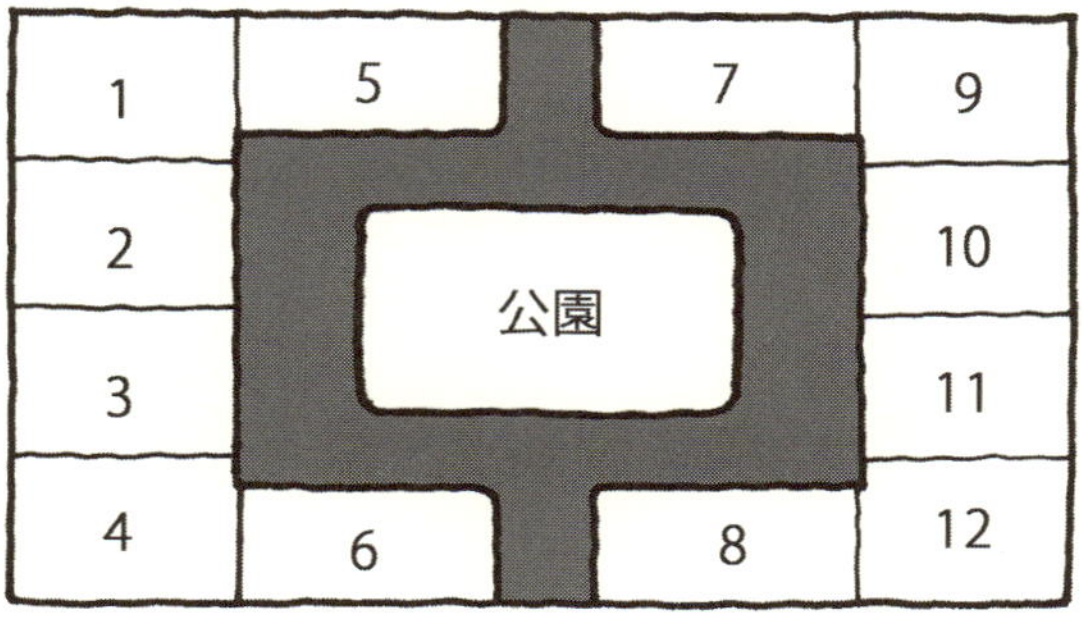

の所有権を譲渡し、管理を市町村が行うことが多い。従って、売る側にとって公園の敷地分は住宅地としてカウントできずにマイナスとなり、このマイナス分は販売する住宅から回収するので、1戸あたりの販売価格は少し上乗せすることになる。

このように開発者の立場で考えると、公園を住宅地につくることで、たとえば一定の広さの公園を確保すれば、その分、建てられる住宅の戸数は減り、1戸あたりの販売価格を上げなくてはならないだろう（単純に宅地に対する公園の敷地割合を1割とすると、宅地価格は1割増しとなる）。

ただ必ずしも、多少販売価格が高くなったからといって、売れないわけではない。買う立場からすれば公園ができたことで「安心して遊べる」という付加価値が生み出され、緑が多いという環境面でプラスの要素が加わる。「緑の多い、公園のあるまち」として、窮屈なまちより多少高くても、購入するひとはいるだろう。

まちの間取り【その3】歩車共存のまち

まちの間取りに公園が付け加えられたことで、居住環境は改善された。では、次に、住宅地に進入してくる自動車対策について考えてみよう。

すでに述べたように、現在のまちは移動手段として自動車を前提とする。とくに公共交通網がじゅうぶんに行き渡っていない地方都市は、移動手段として自動車は必要不可欠だ。となると、すべて自動車を排除するという考え方は現実的でない。むしろ、自動車と歩行者とをどう住み分けるかという前提の方が今のところ現実的だ。

自動車から歩行者を守るためのアイデアとして、ボンエルフという歩車共存道路を設けるという手段があることは前節で述べた。また、歩行者専用道路を設けるという手もある。歩行者専用道路は、住宅地のほか幹線道路で見られる。たとえば片側2車線の幹線道路の両脇に歩行者の路側帯を設け、たっぷりと幅を設ければ自転車が通れる場合もある。しかし、住宅地の場合は、それだけの歩行者専用道路が取れるかどうか、これは現実的になかなか厳しい。

ここで住宅地を開発し、「売る」立場から考えてみよう。幹線道路から接続される住宅地のアクセス道路（準幹線道路）は、現在道幅6ｍ。この両脇に、歩行者専用道路を1ｍずつ、つまり2ｍ設けるとする。すると、この歩道部分の面積をどこか削らなければならない。具体的には、

・1戸あたりの宅地の面積を減らす
・1戸あたりの面積を減らさず、建てる戸数を減らす

という2案が浮かぶ。1戸あたりの宅地面積を減らす場合、歩道ができて安全性は高まるが、家が狭くなり、居住性は低くなるので、現実的でない。一方で、建てる戸数を減ら

す場合、住宅地全体の造成費用は変わらないので1戸あたりの販売価格を高くしなくてはならない。売る立場からすると、「多少高くても、安全性が上がる」というまち全体の住環境の良さを付加価値として買い手に訴え、理解してもらうことがポイントだ。

では、歩道として路側帯を設けないで外部から自動車を進入しづらくする方法はないのか？

まず一案として、住宅地を貫通する幅6ｍの道路（準幹線道路）に面して家を建てないという考え方がある。この場合、準幹線道路から、1本別の道路、アプローチ道路（区画道路）を引き込んで、その両脇に宅地を配置する。アプローチ道路の奥まったところは、袋小路のクルドサックとし、抜けられないようにする。また、道路面をスピードが出せないように敷石やレンガブロックを用いる歩車共存のボンエルフにすることで、歩行者に優しい道路となる。クルドサックやボンエルフなど宅地に面したアプローチ道路は、門や壁といった物理的障害物というわけでもなく、心理的な障害、バリアーとなり、見た目も良く、外部からの自動車の進入を減らすことにつながる。

道幅や用途で分類したまちの主な道路

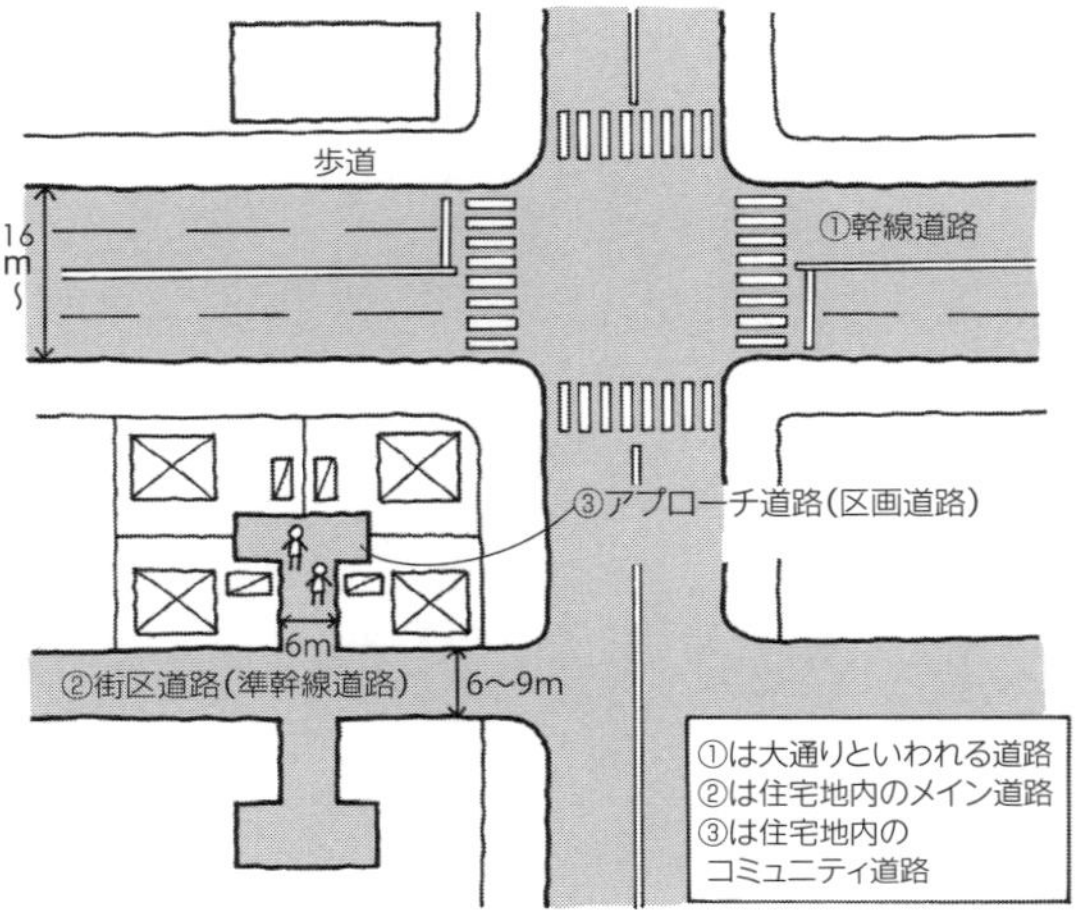

まちの間取り【その3】

歩車分離の手法として用いられるクルドサック（袋小路）を住宅地に採り入れてみる。5と7、6と8が背割りとなってしまい、他との条件に違いが出る

1区画＝約240㎡（約73坪）～約213㎡（65坪）

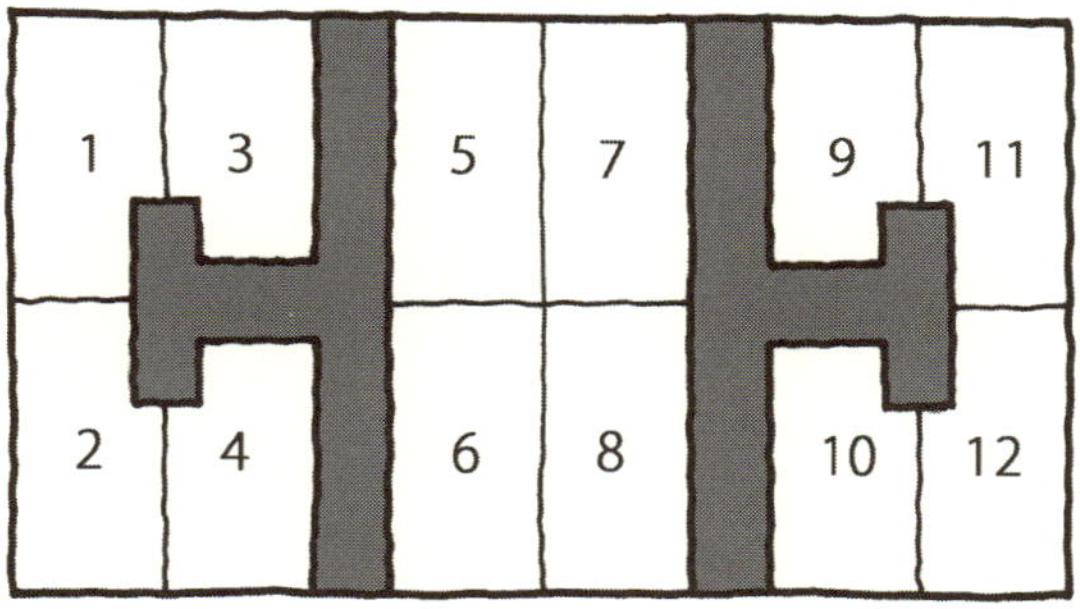

まちの間取り【その3'（改良版）】

各戸がクルドサックに面するように配置し、さらに歩行者専用道路を設けてみる。戸数は増えるが1戸あたりの敷地は小さくなる

1区画＝約143㎡（約43坪）

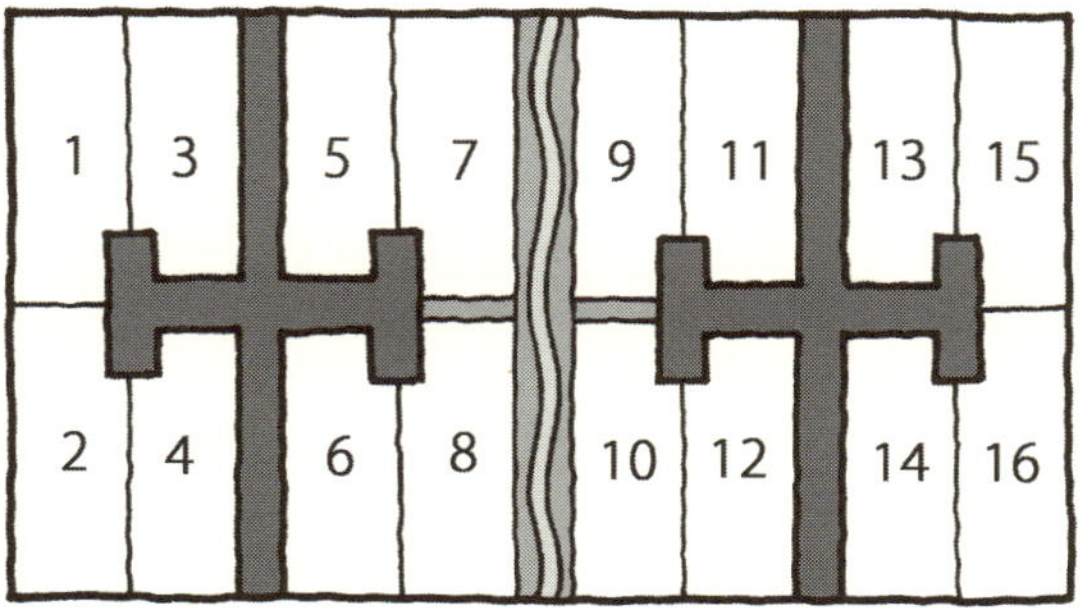

こうした1本のアプローチ道路の周りに住区が配置された宅地は、上から見るとぶどうの房のように見えることから、房を意味する英語のクラスターと呼ばれる。住宅地の一部をクラスターにすることで、外部からの侵入をある程度防げ、居住性と安全性を高めることができる。場合によっては、各家の駐車場を共用地、コモンスペースとしてまとめて取り、駐車場と家までを歩道で結ぶという方法もある。

この場合気をつけなければいけないのが、各家までの道路は、公道として認められる場合と認められない場合があるという点だ。

道路は、幹線道路が国道や県道だとすれば道路の所有者および管理者は国や都道府県になる。市道なら地方自治体（市町村）だ。ただ、歩道の場合は、市町村によって基準がまちまちなことが多い。場合によっては、歩道部分を各家の敷地の一部、もしくは一部の共有地として所有するケースもある。

また、クラスターの場合、家の前まで引き込んだ道路は私道扱い（正式には「位置指定道路」）となることが多い。つまり、自分たちで道路の敷設や管理の費用を負担しなくてはならなくなる。ただ自治体ごとに基準が異なり、どの場合が私道になるかは、まちまちだ。たとえばアスファルト舗装なら公道として認めるけど、少しおしゃれにインターロッキングにすると、インターロッキングはアスファルト舗装に比べ壊れやすく維持費がかかることから公道として認められないケースが目立つ。このように、住宅地の道路を考える

自動車がスピードを落とすことで安心して歩けるようにしたボンエルフ

上で、だれが所有、管理するかは、各自治体の考え方次第だ。私道となった場合は、この道路を共有地として、住宅所有者組合が管理することになる。

しかし、背割り住宅地と比べると、クラスター型のまちは、外とは明らかに境界が設けられ、住民同士の距離が近くなることがお分かりいただけると思う。これに対し、外から住宅地を見た場合、「背割り」のまちは遠くまで見通せる。言い方を換えれば、直線で囲まれたグリッド型の単調なまちとなる。これに対し、クラスターを設けたり、クルドサックの先の回りに家を配置することで、直線でなく、変化に富んだ複雑な形となる。

ここで1点指摘しておきたいのは、背割りのまちにはなかった共用地という要素が付け加わる可能性だ。共用地は当然個人所有でなく、公的な土地であり、時にそれに関わる住宅所有者全体で所有する。つまり共用地という不動産を共有するケースが生じる。個人の宅地のほかに共有地という資産は、1人の意志で土地の処分について決定できない、つまり住宅所有者の総意を基に管理することを前提とする。私たちの会社、プレイスメイキング研究所の主な業務は、共有地の管理、運営だ。これについては後に述べる。

宅地に戸建の家を1軒建てるだけでなく、家の前までのアプローチ道路、さらに広場、場合によっては広場に植えるシンボルツリーなど多くのものを付加した場合、当然、1戸あたりの住宅の価格は上がる。価格が上がるだけでなく、道路のメンテナンス、街路樹の剪定など一定程度の保守管理費が必要となる。また、私有ではなく、公共空間を共有するため、あらかじめ住宅所有者組合を設け、月々の管理費などを徴収する必要が出てくる。

まちの間取りを考えて、単純な背割りから複雑なクラスターを採り入れたまちまで見てきた。住宅地の居住性、安全性を高めると、間取りに付加すべき要素が次々と出てくる。その要素は、複雑な上にケースバイケースで、単純に公共空間だからといって地方自治体などに管理や運営を任せられないことが分かってもらえたと思う。その場合は、住み手が応分の負担をする必要がある。それは住宅の販売価格にも反映されるが、住み始めた後にも管理費が発生する。それが居住性や安全性など住宅地の環境を保つ上で、必要な経費と納得できれば、払うだけの意味、価値を見い出すことができるかもしれない。価値は目に見えないものでなく、資産価値として不動産価値に反映される場合がある。所有者が自ら主体的に住宅地の管理運営に関わることに意義を認められるかどうか、ここが主体的なまちづくりの分かれ目だ。

私たちのある調査のなかに、どんな「まち」に住みたいか、住宅地を選ぶ際、どこに最も価値を認めるかを尋ねたものがある。まず左の一番上の円グラフを見てほしい。この調査は、「住宅地を選ぶ際、最も重視した点」を尋ねたものだ。そこでは、「通勤・通学の交通の便利さ」の次に、「景観やまちなみの雰囲気」が2位だった[2]。つまり個々の家だけでなく、「まち」の間取りを意識するひとが着実に増えているということの現れだ。

また、別の調査では購入前と購入後の住まいに関する感想を聞いている。左ページの真

住宅地を選ぶ際、最も重視した点は？

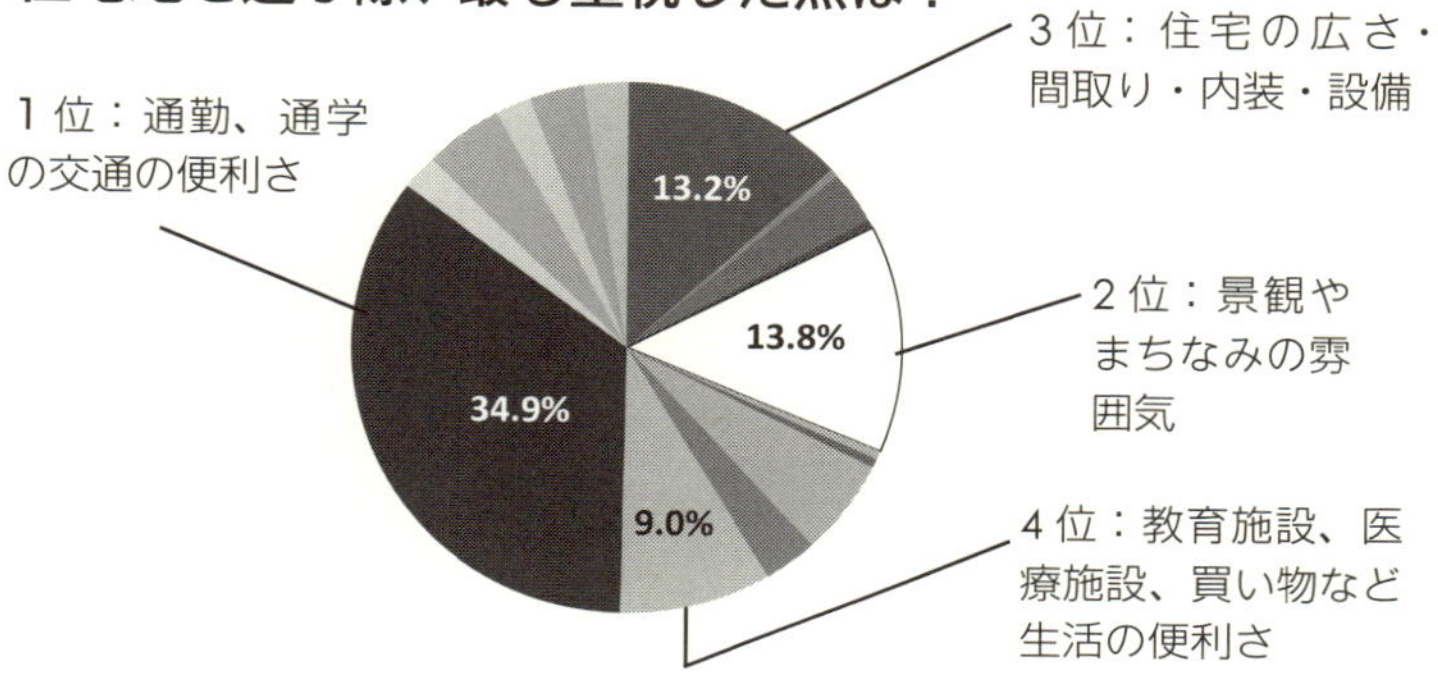

「居住環境に関する意識調査」（2010年、日本型HOA推進協議会）

住もうと思った理由は（1～5位まで選択）

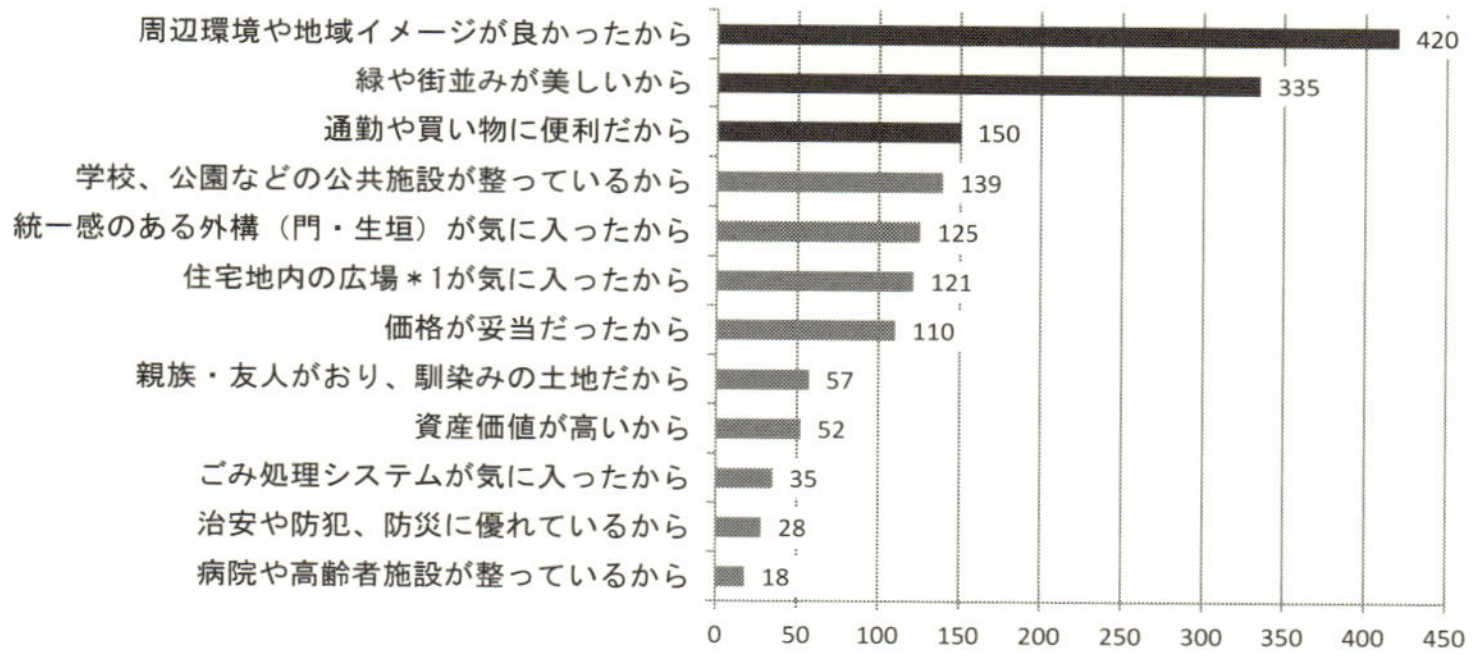

住んでみての感想は（1～5位まで選択）

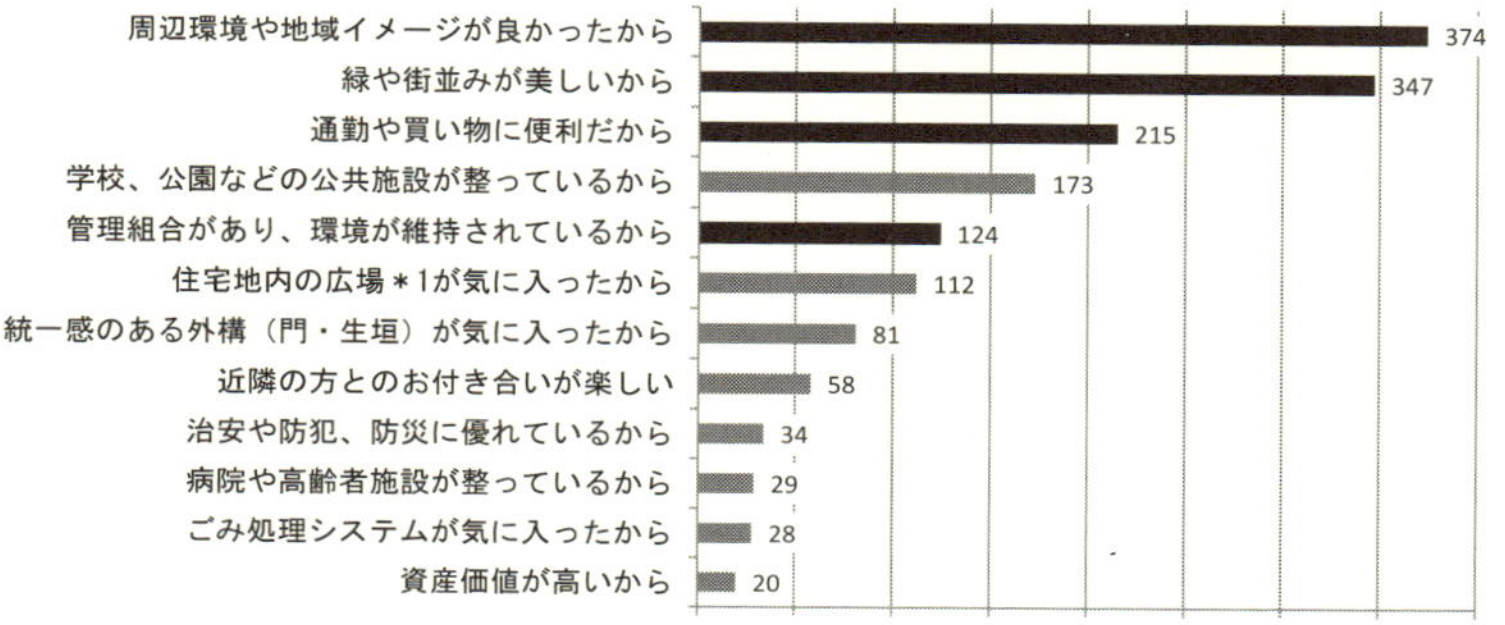

＊1広場：コモン広場、コモン緑道、木塀

特定の戸建住宅地の購入前と購入後の意識調査で、各項目ごとに1位5点、2位4点、3位3点、4位2点、5位1点で計算した合計
「住宅生産振興財団分譲地追跡調査レポート」（2011年、住宅生産振興財団）

ん中と下のグラフで、真ん中の図は購入する際「住もうと思った理由」で、下は「住んで思った感想」を尋ねたものだ。住もうと思った理由として「周辺環境やイメージが良かったから」「緑が美しいから」が1位と2位になり、3位の「通勤や買い物が便利だから」を上回った。興味深いのは、住んで良かったという感想で、上位の順位は居住後も変わらないが、住環境を維持するための「管理組合があり、環境が維持されているから」が5位と高評価されている点だ[3]。住んでみようと思った住環境が実は住宅所有者組合によって維持されていることが理解され、そのことを高く評価をしていることが分かる。もちろん、このケースがすべてのまちに当てはまるとは限らないが、景観やまちなみに価値を見出し、応分の管理費を払いながらでも維持することを望むひとたちが増えてきているということを示している。

【註】

1 大月敏雄「まちなみ用語解説」(住宅生産振興財団『住まいのまちなみを創る』、建築資料研究社、2010年)

2 「居住環境に関する意識調査」(日本型HOA推進協議会、2009年)

3 「住宅生産振興財団分譲地追跡調査レポート」(住宅生産振興財団、2011年)

3節

「まちづくり」から「まち育て」へ

将来の「まちの間取り」に付加する要素

ここまでハードの面からまちの間取りについて考えてきた。こうして考察を進めると、当たり前のように与えられていると思っていたまちが、実は当たり前でなく、住むひとがどういうまちに住みたいかによりさまざまな形が可能だということが理解できたのではと思う。当然、それなりに管理者や所有者として、責任や負担が生じるが、不動産や建築、都市計画の専門家のサポートを受けるなど一定の条件が整えば、まちづくりに関わり、担い手になれるということだ。そのためには計画の段階から「こんなまちに住みたい」という思いを明確にすることが大切だということが分かっていただけたのではないかと思う。

まちづくりは、まちが誕生して終わりでない。ひとが住み始め、形にしていく段階、そして宅地に家が建ち、ひとが住み始めて形になった段階、さらに、そのまちを維持管理していく段階がある。まちづくりの計画段階から住み手が関われれば、描いたイメージに近いまちづくりを行いやすい。

大切なことは、まちづくりの主体は、家に住む方たち、つまりそのまちの住民という点だ。その意味で、まちはだれかがつくってくれるものではなく、自らが時代とともに、時代の状況を見ながら、育てていくべきもの、「まち育て」の時代が来ていると考える。

たとえば、時代状況でいえば、少子化の時代を迎え、人口減少が進むと予想されている。住宅地でいえば、新に造成する以前に、すでに造成された住宅地の空き家をどうするかが課題となっている。また、子育てが終わった住宅地は、初期段階で入居した世代が高齢化し、老朽化した家の維持管理、まちのコミュニティの維持管理が問題となっている。

「土地を活用する」ことをイメージしてみる

日本経済は、成熟の時代に入ったといわれて久しい。大都市圏では地価は微増でまだ上がっているが、地方の主要都市の地価は延び止まったか、下降し始めているのが現状だ。

今後、不動産価値が確実に上昇するとはいえない状況で、1世代限りで購入した住宅地を1世代にわたって代金を払い続けるよりも、土地や家は借り、活用するという発想に転換することで、さまざまな可能性が見いだせる場合がある。たとえば、定期借地権という制度がある。

定期借地権は、平成4（1992）年に「借地借家法」によって創設された、土地を借りる際の権利のことだ。借地権は、建物の所有を目的とした地上権と土地の賃借権がある。定期借地権が認められる以前は、土地の所有者が一度土地を貸すと、借り手は当初定めた契約期間が過ぎてもその場所に建物が建っている場合、既得権として建物を使い続ける権利が認められ、所有者は立ち退きを求めるのに高額な立ち退き料を支払わなければならない場合があった。そこで、一定期間が過ぎたら、土地を更地にして返却する「定期借地権」を加えた「借地借家法」が制定、施行された。戸建住宅地の場合の定期借地権は、「一般定期借地権」が用いられることが多く、借地期間は50年以上で、契約期間の満了時に借地権が終了し、契約更新されない。借り手は原則として、建物を取り壊し更地として土地を所有者に返却するなどの特徴がある[1]。

この定期借地権を「貸し手（土地所有者）、借り手（住み手）」から考えてみよう。貸し手は、50年先まで所有したままその期間中は一定の収入として地代が得られるというメリットがあり、期間が満了になれば土地は返してもらえる。ただし、契約期間中は契約条件の変更で地代は見直しできるが、住宅地として借り手側の権利が認められているので、土地が値上がりしそうだからといって、土地を販売しようとしたり、別の用途に変えることはできないというデメリットもある。

一方、借り手側は地代なので、土地購入代金を支払う場合に比べコストを抑えて住宅を建てられる。また、建てる住宅も通常は50年の間に老朽化するので、子育て中心とした1世代で人生設計ができる（もちろん、その土地が気に入って次の世代も住み続けたいという場合は新たに契約を結び直すことはできる）。土地を貸す側、借りる側は、50年後が近づいた段階で、経済や社会状況に合わせ、次の時代の土地の活用方法を考えれば良い。とりあえずは、そのときに合った最適な暮らし方を納得した上で見出すことができる。何よりも土地を使いたいひとが使え、所有する側も先祖から受け継いだ土地だからという理由に縛られて使うあてのない土地をただ守るだけの重圧から解放される。

私の住んでいる茨城県は、宅地と屋敷林や畑などを一体として所有している地主さんが多くいる。そうした土地を現状で維持管理するのは、たいへんなコストと体力が必要だ。現状での自然環境を保持しつつ、定期借地権を活用しながら、一部をこういうひとに借りて欲しいという条件を明確にすることで活用する方策はある。実際、私たちが関わったつくばエクスプレスの沿線開発で、定期借地権を利用してまちづくりを行っている事例がある。これについては、後述する。土地という不動産を公共財ととらえると、互いの利益を認め合いながら活用する視点が新たに生まれる。これこそが「まち育て」の視点ではないかと思う。

まちのコミュニケーションを育てる

地震や台風など自然災害の多い日本で、近い将来予想される大規模災害への備えの視点からの「まち」のあり方は当然、視野に入れなくてはならない要素だろう。平成7（1995）年1月17日の阪神淡路大震災、平成14（2007）年10月23日の新潟中越地震、さらに、平成23（2011）年の東日本大震災と大規模災害が続いた。

日本列島は幸いにも第二次世界大戦以降は大きな地震災害が生じなかった。これは、わが国の長い地震災害史のなかでもまれで、この幸運な安定した時代に日本は高度経済成長期を達成した。東京、大阪など大都市圏を結んだ高速道路網、新幹線などの高速鉄道交通網により日本の太平洋側の主な都市間での距離は大幅に短縮され、物流網に限っていえば離島を除いて日本全国ほぼ整備された。その結果、24時間、いつでも、どこでも、欲しいときに食料を手に入れられる。こうした「日常」が当たり前だと思っていたが、大規模災害が生じ、電気や水道や通信網などのライフラインが断たれたときの緊急事態に直面すると、当たり前の「日常」のもろさを知る。と同時に、平時において地域住民が情報をいか

一般的な分譲戸建住宅の権利、所有関係

定期借地権による戸建住宅の権利、所有関係

に共有するかが、緊急時の対応を左右する。大規模自然災害を経験して、母体としてのまちの有り方と重要性が浮き彫りになった。21世紀のまちを考える上で、大規模災害に備えたまち育ては、考慮しなくてはならない重要な点だ。

考えてみれば、戦後のまちは、古いしがらみの多い村から出ることで、隣人を気にすることなく自由が謳歌されるはずだった。そこでは隣人との関係性の希薄さをあえて求めてきた面がある。が、ひとたび災害に見舞われると、普段からの隣人の関係性がいかに重要かに気付かされる。大震災以降、ボランティア活動が盛んになり、「絆」というキーワードが広まったのは、まちが支えてきたひととひととのつながりがいかに価値あるものであったかを示したからだ。言い換えれば、街区があらかじめ整えられ、そこに建てられた家に住み、たまたまそこで出会ったひとを隣人とする、こうした与えられたまちではなく、自ら主体となるまちの発想ができれば、災害などの緊急事態に対し、よりスムーズな初期対応が取れるだろうし、万が一の事故のリスクを未然に防ぐことすらできるかもしれない。誤解をおそれずにいえば、長い時間をかけた社会実験を経て、私たちはまちにおいて隣人との関係性がまちづくり、いやまち育てにおいて、いかに大切かを明らかにすることができたといえる。しかし、移動の自由も、職業選択の自由も、男女平等の権利すらも保障されない隣人関係であっては時代の要請に応えていない。それぞれが、互いの権利を認め合いながら、居住性も安全性も担保できるまちを育てるには、どのような関係がふさわしいのか、まさにひとりひとりが主体となって考えなければならない時代だといえよう。

大規模な自然災害に見舞われたときに互いに助け合い、それでいて、日頃は自らの権利が守られるあり方は、簡単なようで実現は難しい。それはあるマニュアルがあって、その通りにすれば良いというものではないからだ。ひとつ例を挙げれば、まちでよりよい隣人関係を維持し、育てていく際に意識すると良いのが、意志疎通がしやすいまちのコミュニケーションの単位や規模だ。

私たちの住宅所有者組合などの実践的な経験からすると、コミュニケーションの基本は5戸程度がひとつの単位となる。具体的には5戸を1班とし、20世帯の住宅地だと4班程度が目安となる。5戸というのは、回覧板などを回すときに、意志疎通が図りやすい範囲で、ごみ置場を共有するのにふさわしい単位だ。たとえば万が一、急ぎの要件を周知徹底しなければならない場合は、すぐに伝達することができるし、ごみ置場を衛生的に保つには5戸を超えると管理が難しくなる。

また住宅地で、1街区が100世帯を超える場合は、ひとつのまちとしてコミュニケーションを図るのが難しくなる。逆にいえば、まちの最小単位として20世帯が理想的だ。これは少し想像すれば理解できる。あそこの家の方はだれなのか、名前は分からないまでも、普段顔は合わせるという規模だ。

まち育てはそこに暮らす方が主体となって完結するのがベストだ。しかし、ときにまちを維持管理するために専門性が求められる場合がある。何かまちに課題が持ち上がった場合は、自分たちだけで上手く解決できない場合がないだろうか？　前述した通り、クラスターでまとまった戸建住宅地は、歩道などは自分たちの所有、共有地となる場合がある。その場合、排水溝の清掃をはじめ、管理において行政との交渉や所有者としての住民との話し合いをサポートする必要があり、そこに専門家が入るとスムーズに行うことができる。

住宅所有者同士でひとつの住宅地を管理するやり方は、たとえばアメリカではＨＯＡ（Home Owners Association）という組織を中心とした活動が知られている。すでに１章で少し触れたが、アメリカのＨＯＡは分厚いマニュアルを基に、外壁の色から樹木の高さ、芝生の刈り込み程度まで事細かに決められ、それに違反すると居住者であっても罰金が科せられる場合がある。日本でまちのルールを守らないからといって罰金を科すという同じ方法を導入しても、あまり成功しないことは想像できる。住宅所有者が主体となって自分のまちの景観や環境を管理運営するアメリカのＨＯＡの手法を活かし、なおかつあまりマニュアルを振りかざすことなく日本の慣習をうまく生かして住宅地管理はできないか？　そんな考えから設立されたのが日本型ＨＯＡ推進協議会だ。ここでは専門知識を身に付けた方を「すまい・コミュニティマネージャー」に認定し、さまざまな相談、計画づくりのお手伝いをしている。

すまい・コミュニティマネージャーは、まちのコミュニケーションをうまく行うための

まちのコミュニケーションは５人が１単位

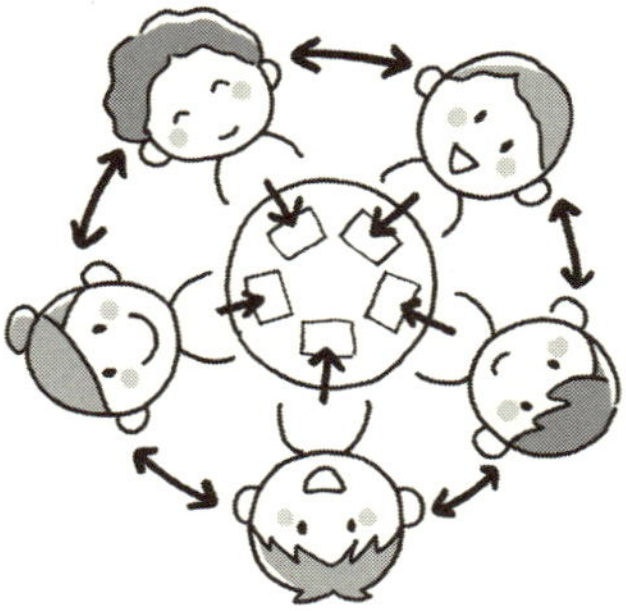

まちの最小単位は20人、でもまとめるのは大変

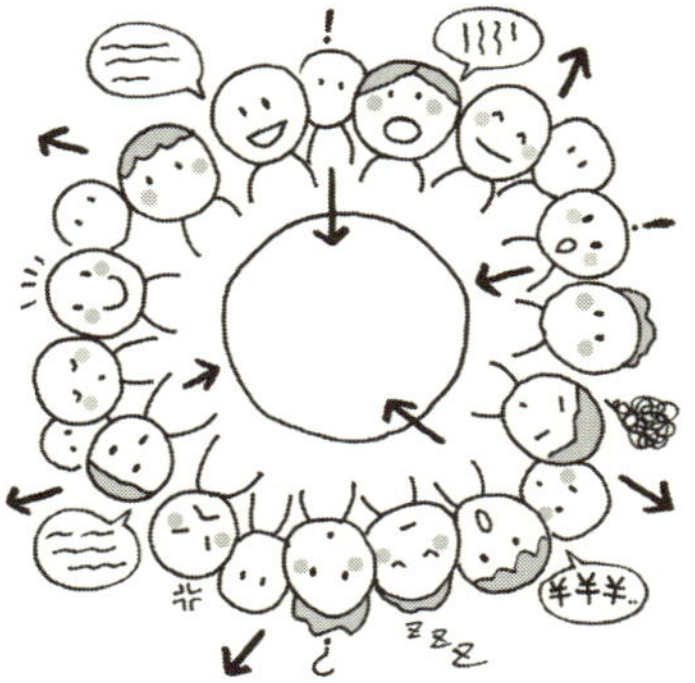

そこで、まとめ役として専門家を入れることも

専門家だが、ほかに地方自治体によっては、まちづくりアドバイザー、エリアマネージャー、タウンマネージャーなどの呼び方で専門家の協力態勢を備えているところもある。とかく、まちづくりというと自分たちの手で汗水流してとなりがちだが、結果としていかにして住みやすい魅力あるまちにするかが大切で、そのために専門家の適切なアドバイスが有効なときがある。また常日ごろ、まちに関わるひととのコミュニケーションをどう取っていれば良いか、どことどこをどうネットワークで結んでおくかが重要となる。

まちのルールを学んで、活かしてみる

まち育てにおいてルールは、自らを縛るものであると同時に、どのようなまちにしたいのか、共通の目標を具体的に明確にするうえで欠かせないものだ。

ルールというと、規則や規律として守るべきものであり、守らなかった場合の罰則がまず頭に浮かぶ。ルールである以上、たしかに罰則も必要に違いないが、プラスの面からルールをとらえれば、同じ共通の目標をもった仲間がより良い方向を目指し、互いを高め合い、そして、より理想のかたちを目指すための一定の行動規範ともとらえることができる。とくに、まち育てのルールは、なぜそのルールが必要なのか、どんな内容になっているのかを知り、活用次第で自分たち住むまちを、より良くする力にできる。守るだけでなく、活

用する、これがまち育てにおいて大切なポイントだ。

まちの要素の表で、ソフトとしてのまちのルールを入れた。ここでは、主にどんなルールがあるか、その概略を見てみよう。

まちのルールは、実にさまざまある。法律のように明文化されたものから、慣習としてなんとなく行われているいわゆる暗黙のルールまでさまざまだ。そんななかで、ここではまちの景観をかたちづくり、育てていくルールを見てみたい。いわばまち育てのルールだ。それは大きく3つに分かれる。任意ルール(ガイドライン)、認可協定、自治体策定ルールだ。

法的根拠をもたない任意ルール

任意ルールは、法的根拠をとくに持たない。事業主または地権者がまとまった住宅地について住み手にこうしてほしいという考えを明文化したルールだ。ガイドラインといったほうが良いかもしれない。

戸建住宅地の任意ルールは、通常は、事業主や地権者があらかじめ明文化し、それを住宅を販売する前に重要事項として説明する。住宅を購入する住み手は、その説明を納得した上で購入する。逆にいえば、そこの住宅を購入するということは、そこに一定のルールがあることを納得し、理解しているということで、それぞれがまちをよりよくしたいという意志を抱いて暮らしていく、つまり人間の良心を信じ、性善説に立つことで成り立つルールで、紳士協定ともいわれる。

任意ルールで定めることがらは、多岐にわたる。表で○のついた項目の多さから一目瞭然だが、建物の仕様や敷地の取り方、どの程度自然を生かすかなど幅広い。もちろん、すべてにわたり規則をつくるということはまれで、たいがいは、家の壁や屋根の色、建物の高さや敷地に対して建物が占める割合（建ぺい率）、家や木々の高さなど、景観に関するガイドラインが多い。

任意ルールは、紳士協定、つまり人の善意を信じた上で成り立っており、法的根拠がないので、万が一、だれかがガイドラインを破ったとしてもそれを是正したり調停するための組織がない場合がほとんどで、ときに、戸建住宅地でのトラブルを生むことになる。あまり大きな問題になる前に、話し合いで解決できれば良いが、最終手段として裁判で決着することになった場合、証拠や根拠など裁判での論点を明確にしづらいなどの難点があり、長期化することもある。

法的根拠があり、暮らし手主体の認可協定

良心に基づいて、コミュニケーションを上手に取りながら、任意ルールでより良い戸建

まちのルール比較表

			任意ルール	認可協定			地区計画	景観計画*1
				緑地協定	建築協定	景観協定*1		
締結主体			事業主または地権者等	地権者等			○○市	
必要な合意			販売時の説明、地権者等の合意	地権者全員の合意			地権者の多数の賛同	
広さの目安			1街区以上	1街区以上			1ha以上	0.5ha以上
効力の範囲			説明を承認して購入、合意した地権者等	合意した地権者の敷地のみ			地区全体	
運営主体			地権者等（地域）	地域で作る協定運営委員会			○○市	
違反に対する手段			民民で要請・訴訟。地域で要請・訴訟	地域で要請・訴訟（協定書の定めによる）			市長が勧告*4	市長が勧告、または命令
有効期間			なし	定める			なし	
規制の対象	建物や敷地	建物用途	○	×	○	○	○	×
		敷地面積	○	×	○	○	○	○
		敷地分割の禁止	○	×	○	○	×	×
		建ぺい率・容積率	○	×	○	○	○	×
		建物の高さ	○	×	○	○	○	○
		建物の階数	○	×	○	○	×	×
		外壁の後退距離	○	×	○	○	○	○
		塀、垣、柵の種類	○	○	○	○	○	○
		建物のデザイン、色	○	×	○	○	○	○
		建物の構造・材料	○	×	○	○	△*5	○
		設備	○	×	○	○	△*5	○
		緑化率	○	○	○	○	○	○
	工作物		○	×	×	○	○	○
	その他	緑地のルール	○	○	×	○	○	○
		土地利用のルール*2	○	×	×	○	×	×
		生活環境のルール*3	○	×	×	○	×	×
道路・公園などの位置づけ			×	×	×	×	○	○
根拠となる法令			無し。一部民法	都市緑地法	建築基準法	景観法	都市計画法、建築基準法、都市緑地法、景観法	景観法

＊1　景観協定、景観計画は良好な景観形成を図るものに限る
2　廃棄物の堆積など
3　防犯、清掃活動、営業時間など
4　建築確認事項に抵触する場合は建築不可
5　デザインのルールとして定める場合に限る

住宅地が運営できればそれにこしたことはない。ただ、あくまでも紳士協定なので、一度トラブルが発生したときに、調整機能が明確でないなどの難しさがある。そこで任意ルール（ガイドライン）から一歩進んで、より踏み込んだまち育てのルールが、認可協定だ。

地権者など住宅地を提供する側が、こういうふうなまちに育ってほしい、そのためにはこういうルールが必要だという項目を定める。土地所有者の要請などにより住み手側が協定運営委員会という組織を立ち上げ、運営していく。認可協定は、任意ルールと違い、基本となる法律、たとえば都市緑地法、建築基準法、景観法などの根拠となる法律に基づいて決まりを定める。また、その戸建住宅地の位置する地方公共団体（市町村）が認可団体となり、協定を認定する。一定の組織や決まりに基づいてしっかり運営がなされるため、手続などは大変だが、一度認可を受ければ一定の期間は明確なルールと組織により戸建住宅地というまちが運営されていく[2]。また認可団体は、認可した団体を告知しなくてはならず、その住宅地が所属している地方公共団体のホームページに団体名から協定内容まで、情報が公開される。どのまちに自分たちと似たような認可協定を結んでいる戸建住宅地があるのかを知ることができ、運営をする上で参考となる情報を手に入れやすい。

とくに、認可協定と任意団体との違いは、有効期間が定められる点だ。認可協定の根拠は、国の法律によるものだが、実際運用を始めてみるといくつかの問題点も上がってくる。最初から完璧な運営はまずあり得ない。やりながら持ち上がった問題をどう解決するか、そのためのルールと位置づけた方が、現実的だ。ただ、問題が生じたときに、認可協定では協定事項を簡単に変更しづらい。というのは、協定内容は全員の合意がないと改変できないからだ。全員一致、つまり100％の同意というのは、民主主義のルールとしてもっともハードルが高い。余談だが、認可協定そのものは過半数の合意で取りやめることができる。今後、実際に運営してみて矛盾点がないか、どうすればより良いまちになるかなどを考え、見直しが必要となるかもしれない。

認可協定は、任意ルールと同じく、住宅街区のデザインを地権者との間で明確にしていく。そのデザインを決めるのは、住宅地を開発するデベロッパーであることが多い。コーポラティブ手法のように、あらかじめまちのデザインから住み手がつくり始める場合もあるが、多くは、デベロッパーなど住宅開発事業者が地権者として認可協定を結ぶ。そのの ち開発事業者が、「この住宅地にはより優れた住宅環境を維持し、育てていくためにこのようなルールがあります」ということを販売時点で重要事項として説明することがほとんどだ。このように、事業者という一者が地権者として、認可団体から承認を得て、協定を結ぶことがあり、実際、ルールの根拠となる都市緑地法、建築基準法、景観法を理解していないと認可協定を結べないという事情があることから、事業者が一者（一人）で協定を結ぶ場合が多い。これを「一人協定」と呼ぶ。

認可協定は、すでに述べた通り、土地所有権を保護するという目的から地権者全員が合意する必要がある。宅地分譲後に、1戸1戸の建物や土地の所有者と話し合い、合意を目指すということは、かなりむずかしい。住んでみて、そんなルールがあるなら住まなかったというひとも出てくるだろうから、住んでしまった後で認可協定を結ぶのはあまり現実的でない。したがって、通常は、事業者が一者で届け出る。一人協定が現実的な手法として取られているという背景にはこうした事情がある。

ただ、住み手側が認可協定を結べないかというと法律を知れば、可能性は広がると思う。

認可協定の背景となっている法律は、主に3つある。街路樹や公園の樹木などの緑地のルールや住宅の周りを生垣にするなど緑化率を高めるために定められた都市緑地法。そして、建物の建ぺい率や高さ制限、道路と家との間の距離や外壁や屋根の色などを定めた建築基準法。そして、緑の多さと建築デザインの双方について定めた景観法だ。

どの法律に基づいた認可協定にするかで、ルールの項目数も違ってくる。項目の数が多くなればなるほど、まちに住まう者の高い規範意識が求められる。認可協定はもしルール違反があった場合に備え、協定運営委員会という是正を勧告する組織がある。ルールが明確な分、明らかな違反があった場合は協定違反となり、裁判の論点も明確になる。裁判で明確に協定違反となれば是正する必要があり、争いそのものを防ぐ抑止力にもなる。

まち全体の視点で定める自治体策定ルール

任意ルール、認可協定は、ある住宅街区単位を対象としている。これに対し、複数の街区、さらにより広範な地域全体のまちのルールが必要になる場合がある。たとえば、電柱の地下埋設など景観を重視した戸建住宅地は少しずつ、生まれている。でも、実際その住宅地を訪れてみると、道1本挟んで向かい側はまったく違った住宅地ということはよくある。できれば、ひとつの街区で誕生したみんながうらやむ景観が地区全体に広まれば、その地域全体の誇りにつなげることができる。こうしたまち全体の視点から定めるルールは、そのエリアの自治体が主体となり定めるもので、「地区計画」や「景観計画」があり、自治体がルールを定めるにあたりより上位の概念として明確な法律が位置づけられている。

地区計画は、都市計画法によって市町村が定め、地区計画の区域の道路・公園の整備、用途の制限などについて具体的に「地域整備計画」を立てる。まちの景観計画の根拠として、景観法がある。

まちのルールに魂を入れるには

ルールは暮らす者を縛ると考えられ、窮屈に思われるかも知れないが、まちがどのようなルールに基づいてかたちづくられようとしているか、そのことを知り、理解することで、自分たちのまち、街区、宅地をどのような形にするかが明確になる。また、こういう家に暮らし、身の回りだけでなくまち全体をこういう景観にしてほしいからという視点から自治体に地区計画や景観計画を積極的に働きかけることもできる。そのためには、まち育てのルールのそれぞれの特性や趣旨、関係性と全体構造を知る必要がある。しかし、まちは多様で、そのまちの成り立ち、地形、人口構成、産業形態などや周囲の地域経済とのつながりなどさまざまな要素が複雑に関係している。また、ひとつのルールを作り上げるまでには、トップダウンよりもボトムアップで、ひとりひとりの考えを引き出し、ビジョンを共有化するなど緻密《ちみつ》なコミュニケーションが前提となる。

住宅地を自分たちの手で生み出すという例はあまり知られていない。私の夢は、住み手側がまちのルールを理解しながら、自分たちが理想とする戸建住宅地を育てていくことだ。そのためには、まず有効なまちのルールにどのようなものがあるかを知ることだ。こうしたプロセスを抜きにしてでき上がったルールは、魂の入らないものとなる。まち育てのルールを活かすも殺すも、そこに暮らし、まちを育てるひとりひとりの考えに負うところが大きいというのもまた真実だ。

【註】

1　定期借地権については、定期借地権を推進するために、定期借地権推進協議会という組織があり、啓蒙活動などを行っている。
http://teikishakuchi.com

2　認可の協定の変更は、原則として全員の合意が基本となる

3章 プレイスメイキングからの実践

1節 私たちの目指すプレイスメイキングとは

私たちの会社は、株式会社プレイスメイキング研究所という。プレイス＝場、メイキング＝つくる、なので文字通りならば「場づくり研究所」となる。分かりやすいけど、分かりづらい。場づくりの「場」とは何か？ どんな場をつくるのか。どんなことをしているのか？ 社名から仕事の内容をくみ取ることはほとんどできないのではないだろうか？

3章は、私たちが戸建住宅地で10年以上にわたり実践してきたことを伝えたいと思うが、それに入る前にそもそもプレイスメイキングとは何か？ それについて述べる。

プレイスメイキング研究所がある茨城県つくば市は、平成17（2005）年に新しい鉄道として、つくばエクスプレス（TX）が開通し、沿線開発により郊外開発が急激に進められている[1]。つくばエクスプレスは東京の秋葉原駅とつくば駅を最短45分間で結び、東京へのアクセスをとてもスピーディーに、快適にしてくれた。それ以前は、つくばセンター（現・つくば駅）と東京駅八重洲口を結ぶ高速バスか、つくばから一度、市外に出て土浦駅か荒川沖駅からＪＲ常磐線でなければ東京に行けなかった。高速道路は渋滞による遅延があるし、常磐線を利用する場合はバスからの乗り換えがある。ＴＸならばシームレスに東京に出られる、しかも、最高時速１３０㎞、加速度は新幹線並みといわれる。

つくばエクスプレスの開通により、つくばに住みつつ東京へ通勤することが現実の選択肢となった。ＴＸは、鉄道と沿線の住宅開発をセットとして実現した鉄道事業だった[1]。そのため、計画的な戸建住宅地やマンションなどが開発され、販売され始めた。つくば市だけでなく、ＴＸの駅のある守谷市、つくばみらい市も住宅地開発が盛んだ。民間調査による「都市成長力」[2]のランキングで、つくばみらい市が２０１５年度で全国１位となったことからも沿線開発が盛んに行われている状況が分かる。

首都圏をダイレクトに結ぶ鉄道沿線の戸建住宅は、多くのひとにとって憧れの対象だ。私たちは、つくばエクスプレス沿線開発で、まちづくりと関わらせていただいてきた経験のなかでこれらの住宅地の魅力的な点だけでなく、いくつかの課題が見えてきた。端的にいえば「郊外」、つまり、首都圏やその周辺のかつての農村集落との境界に、大規模な住宅地を造成することから生じる歪みだ。それは、おそらくニュータウンとして開発が行われた１９７０年代以降幾度となく郊外住宅地で試みられてきたまちづくりについての古くて新しい問題が、つくばエクスプレス沿線開発にも生じているということだ。

新しくつくられた郊外は、道路などのインフラストラクチャー、公園や街路樹などが整う住環境が都市計画として描かれている。それは、2章の「まちの間取り」ですでに見てきたが、まちの形はそこに新しく暮らすひとたちの暮らし方や地域のひととの関係性を大きく左右する。郊外での戸建住宅地は、これまでの開発における計画段階ではハード面からの設計コンセプトが主で、実際にそこで暮らすひとびと同士の関係性をどうつなげるか、ソフト面からの視点はあまり重要視されてこなかった。このソフト面をどうするかが、私たちがもっぱら仕事とするプレイスメイキングでのテーマだ。

郊外開発で新しく「つくりだされたまち」のプレイスメイキングとは、どのようなことか。そもそも「プレイスメイキング」とは何かについて、アウトラインを確認しておこう。

ニューヨークでのプレイスメイキング

プレイスメイキングという考え方が生まれた背景に、都市が巨大化し、都市周辺部に人口や都市機能が移ってしまい、中心部で生じる空洞化、スプロール化がある。都心部のなかでもとくにダウンタウンのスラム街の再生問題などがあった。アメリカのニューヨークで暮らしていたJ・ジェイコブズ[3]は、都市の空洞化に直面していたアメリカの問題をジャーナリスティックな視点から1961年に"THE DEATH AND LIFE OF GREAT AMERICAN CITIES"を出版。当時、スラム化により都市機能が低下していく巨大都市を再生するにはどうすれば良いかを都市計画の専門家でもないジェイコブズが著したことに対し、都市計画や建築の専門家から批判があったが、その著作は邦題『アメリカ大都市の死と生』[4]として日本でも刊行され、時代をへて今なお都市論の名著として読み継がれている。そこで述べられている要点を整理すると以下となる。

・魅力ある大都市となるためには、街路（歩道）の公共生活（public life）が大切
・街路での公共生活が担保されるために目が行き届き、知らないひとでも注意できる、だれもが顔見知りになれることが大切。とくに子供が街路で仲良くなれる同化作用
・都市は単調でなく、多様な機能が必要

ジェイコブズは都市の多様な4つの機能を挙げた。それは左記の通り。

1　すくなくとも2つ以上の目的がある
2　小ブロックである
3　古い建物がある
4　集中度がある

多様な都市の機能と対照的に、当時は高所得者のための高層住宅を推し進めたル・コルビュジエの『輝く都市』がもてはやされていた。

プレイスメイキングは、ジェイコブズの考えを基に、実践的な取り組みのなかで生まれた。ジェイコブズと同年代に活躍したW・H・ホワイトが、NPO法人PPS（Project for Public Spaces）を立ち上げ、ニューヨークを中心に都市再生の実践的な取り組みがなされ、そのプログラムが広く知られるようになっていった。PPSは1990年代半ば頃からプレイスメイキングという考え方を掲げ、大都市ニューヨークのブライアントパークの再生で具体的に提案実践された。ブライアントパークの仕掛けはとてもシンプルで、だれもが座れる椅子とテーブルが用意され、好きなとき、好きな時間に公園に椅子を持ち出して座るというもので、それをNPOが運営管理している。公園で座るという点から自然監視効果が働くと同時に、通行人やご近所との会話が生まれる。椅子ひとつを都市空間に持ち出すことで、見る―見られる関係が生まれ、それが公共空間のセキュリティを

プレイスメイキングとは？

プレイスメイキングにふさわしい（○）	プレイスメイキングにふさわしくない（×）
コミュニティ主導のボトムアップ型である	トップダウン型である
将来を見通している	保守的である
形態の前に機能を考える	意匠が優先する
融通がきく	画一的な解決や性急な調整をする
すべてを受け入れる	排他的で閉鎖的である
生み出した目標に向かう	自動車中心である
特有の具体的な関係がある	一つの実情をすべてに当てはめる
絶えず変化する	活気がなく変化しない
横断的な分野を持つ	ある分野だけを優先させる
変化させる力がある	単一的な規範である
柔軟性がある	規制や管理に依存している
協働的である	費用便益分析をしない
社交的である	大規模な事業に集中する

プレイスメイキングを提唱するPPSが掲げるキーワード
（https://www.pps.org/reference/what_is_placemaking/）
訳：三友奈々「人に寄り添う場をつくる『プレイスメーカー』（「都市＋デザイン」第35号、pp27-30、都市づくりパブリックセンター、2017年）

高め、居心地の良い場、プレイスにつながる。PPSは、プレイスを生む重要なキーワードを掲げている（表参照）。こうしてみるとプレイスメイキングとは、居心地の良い場を作ること以上に、その場をどのようなひとがどのような考えで関わるかを重んじていることが分かる。

サードプレイスという居場所

プレイスメイキングをより推し進めたのがサードプレイスだ。この考え方を提唱したのは、アメリカの社会学者、R・オルデンバーグだ。彼が1989年に著した"THE GREAT GOOD PLACE : CAFÉS, COFFEE SHOPS, BOOKSTORES, BARS, HAIR SALONS AND OTER HANGOUTS AT THE HEART OF COMMUNITY"は、『サードプレイス－コミュニティの核となる「とびきり居心地よい場所」』との訳で出版された[5]。

英語の主書名、"THE GREAT GOOD PLACE"が日本語で「サードプレイス」と訳されたことで、日本では、サードプレイスが独り歩きし、その事例が各地で報告され、広まっている。翻訳の力の大きさと、そのセンスの良さに感服するが、ここでは、オルデンバーグの考えを一通り整理する意味で、原著名の意味を素直に考えてみたい。たとえば、直訳すると「偉大な場─すなわちコミュニティの中心に位置するカフェ、コーヒーショップ、書店、バー、美容（理容）店、そのほかのたまり場など」。「たまり場」と訳したのは、"HANGOUTS"という話しことばだ。副題として挙げられた「カフェ、コーヒーショップ、書店、バー、美容（理容）店」などひとびとが気軽に集まれる「たまり場」が、具体的なサードプレイスなのだが、オルデンバーグは、サードプレイスを同著のなかで"the core settings of informal public life"と定義している。訳せば「飾らない、公的な生活のために用意されたなくてはならない場」だ。なぜこの場が第3の場、サードプレイスなのか。

オルデンバーグによれば、産業革命（近代化）により、自宅（the first place）と職場（the second place）に分断された。このため、家でも職場でもない、飾らない、公的な生活が第3の場として必要になる。仕事を終えて、「たまり場（HANGOUTS）」に集い、地位や身分に関係なく何時間でもいられる居心地の良い場、それがサードプレイスだ。

オルデンバーグは、近代化が進み都市計画により生まれた郊外では、だれもが気軽に集まれるたまり場がなくなっていったという。たとえば、郊外の住宅地では、昼間ひとりで家にいる女性が、友だちをわざわざ集めてホームパーティをすることが、家にいる女性の仕事となる。また、郊外型ショッピングセンターなどのマニュアル化されたお店は効率よく収益をあげることを主眼として、だれもが気軽に語れ、長居できる場がない。現代社会で、家よりも、職場よりも多く過ごす第3の場（the third place）は、人間性を取り戻す上でたいへん重要だと述べる。

J・ジェイコブズ、W・H・ホワイトへとつながるニューヨークなど大都市での再生の試み。そして、R・オルデンバーグが提唱したサードプレイスの考え方の背後に、自動車を前提とする近代社会の構造があった。ひとりひとりが別々の交通手段を持ち、効率的に目的地を移動する。職場と家庭を移動するモビリティを効率良く流すためにつくられた高速道路網は、多様な都市機能を分断する。自動車を中心とした都市は、ひととひととの関係を変え、コミュニティのあり方を大きく変えてしまった。その反省に立って生み出されたのが、歩く楽しさを採り入れた住宅地だ。

アメリカの戸建住宅地で試みられたプレイスメイキング

アメリカの都市における自動車に関わる批判に対し、郊外での住宅開発で改善する実験的な試みがなされた。たとえば1990年代に始まったニューアーバニズムは、郊外の戸建住宅地でひとが歩くことの楽しみと、歩いて生まれるコミュニティづくりを目指したものだった。アメリカのニューアーバニズムを日本にいち早く紹介した、私の御師である筑波大学の渡和由《わたりかずよし》氏は、ニューヨークの試みを次のようにまとめている。

「1990年代は時代の境目で、ニューアーバニズムにとって二つの大切な指針が示されました。ひとつは、1991年の"Ahwahnee Principles（アワニー原則）"で、もうひとつは1996年の"Charter of The New Urbanism（ニューアーバニズム憲章）"です。アワニー原則は、持続可能性を主軸に据えたサステイナブル・デザインや、マイケル・コルベットらのビレッジ・ホームズの開発者など、地方自治体の幹部が集まる委員会において提唱されました。そして、そこに加わっていた建築と都市デザインの専門家が中心となって1993年にニューアーバニズム会議を立ち上げ、その後にニューアーバニズム憲章を出版したのです。アンドレス・デュアニーの本や憲章の分担部分にもサードプレイスということばを使っているから、R・オルデンバーグが影響を与えたことが分かりますよね。それらで提唱されているのは、歩行性や持続性を重視したコミュニティの原則と歴史や風土、自然との連続性を重視した地域の原則、総合的な計画や参加の重要性を強調した実現のための戦略などです」[6]。

渡氏は、アメリカのプレイスメイキングという考え方を日本に紹介した研究者のひとりであり、実は私たちのプレイスメイキング研究所の名付け親でもある。渡氏が繰り返し私たちに伝えるニューアーバニズムで大切な点は、建築の形態の規範（コード）はある程度取り決めるものの、具体的なデザインは決めていないという点だ。サードプレイスはデザインされた空間を作れば完成ということでなく、継続的に関係性が生まれるその土地ならではの仕掛けが重要で、たとえば先にあげたブライアントパークの椅子ひとつであっても、そこを中心に出会いが生まれ、語りの場が生まれることで、プレイスメイキングとなる。

ただし、そこで語り合えるためには、それが住宅地なら、あらかじめ知り合いとなるお隣同士の関係づくりや、しっかりした考え方と持続可能な運営方法が必要条件となる。しかし、私たちが実践してみて分かったことは、そのための仕掛けづくりは、簡単なようで、さまざまな配慮が必要なデリケートな問題を含むということだ。

居心地の良い場所、空間を住宅地で作れば終わりでなく、新たに郊外で生み出された居心地の良い場所をひとびとがどう使うか、そのための仕組みづくりやそうした場をともに形づくっていく関係性が大切だ。とりわけ、空間以上に共同でひとびとが暮らす公共生活、Public Life は、私たちが、戸建住宅地のプレイスメイキングの実践を通して目指してきたことでもある。そんな公共生活は、理想であるものの、まったく実現不可能なのかというと、意外と身近にある、と私は考えている。それも、遠い過去の話でなく、ついこの間まで、私たちはそんな暮らしぶりをしていた。

ニューヨークと尼崎の共通点

公共と訳す public を、私たちは、どうしても行政などの官とイメージしてしまいがちだ。イギリスのパブリックスクールが私立の学校であることを考えれば、公共＝官でないことはすぐに気付く。パブリック、公共という概念そのものが、西洋からもたらされたから馴染みが薄いのかもしれないが、私たち日本人だって、ついこの間まで、公共を自分たちの手で担っていた。卑近な道徳観念でいえば「世間様に顔向けできないようなことはするな」と親から教わる「世間」は、まさに公共だ。公共に迷惑をかけていけないのは、ひとりひとりが互いを思いやることから生まれた道徳観で、ときに相手からの目を気にしなくてはならない窮屈さ、制限が付け加わる。

ところで私は、J・ジェイコブズの『アメリカ大都市の死と生』を読んで、既視感にとらわれた。ニューヨークのダウンタウンの話であるはずなのだが、どこかで体験したような感じ。その体験は、すぐに思い出された。それは私が、生まれ育った兵庫県尼崎市の風景そのものだったからだ。

兵庫県尼崎市は、大阪と神戸のどちらにもアクセスできる利便性の良さと、古くは、大阪城の西の出城として尼崎城があり、その城下町であったことを基盤に栄えてきた地域だ（1章2節参照）。面白いのは、行政区はたしかに兵庫県なのに、電話番号の市外局番は06という大阪府の局番で、兵庫でもあり、大阪でもあるようなどっちつかずの存在ということだ。また、そこに暮らすひとの気質はとても濃く、関西でも有数の「こてこて」の下町だ。J・ジェイコブズが魅力的な都市像として挙げていたマンハッタンの下町は、まるで私が「ふるさと」と認識している記憶と同じだった。

話は逸れるが、尼崎の気質が世間に知られたのがお笑いコンビ、「ダウンタウン」だ。

私は、「尼崎が生んだ有名人は？」と聞かれて、間髪入れずに「まっちゃん・はまちゃん！」と答える。私の中学時代の英語の先生は、まっちゃん、はまちゃんに英語を教えた時の思い出話を誇らしげによくしていた。

尼崎の中心地に〝元気商店街〟と名付けられた「三和商店街」がある。阪神電鉄の尼崎駅から１駅離れた出屋敷駅までの１駅分以上もある長いアーケード付きの商店街で、ここには「粉もん文化」の店が軒を連ねる。お好み焼き屋（野菜やき）、たこ焼き屋、たい焼き屋やうどん屋（地元で「おうどん屋さん」という）が軒を連ね、そのほかどんなもの

ある日の尼崎スケッチ

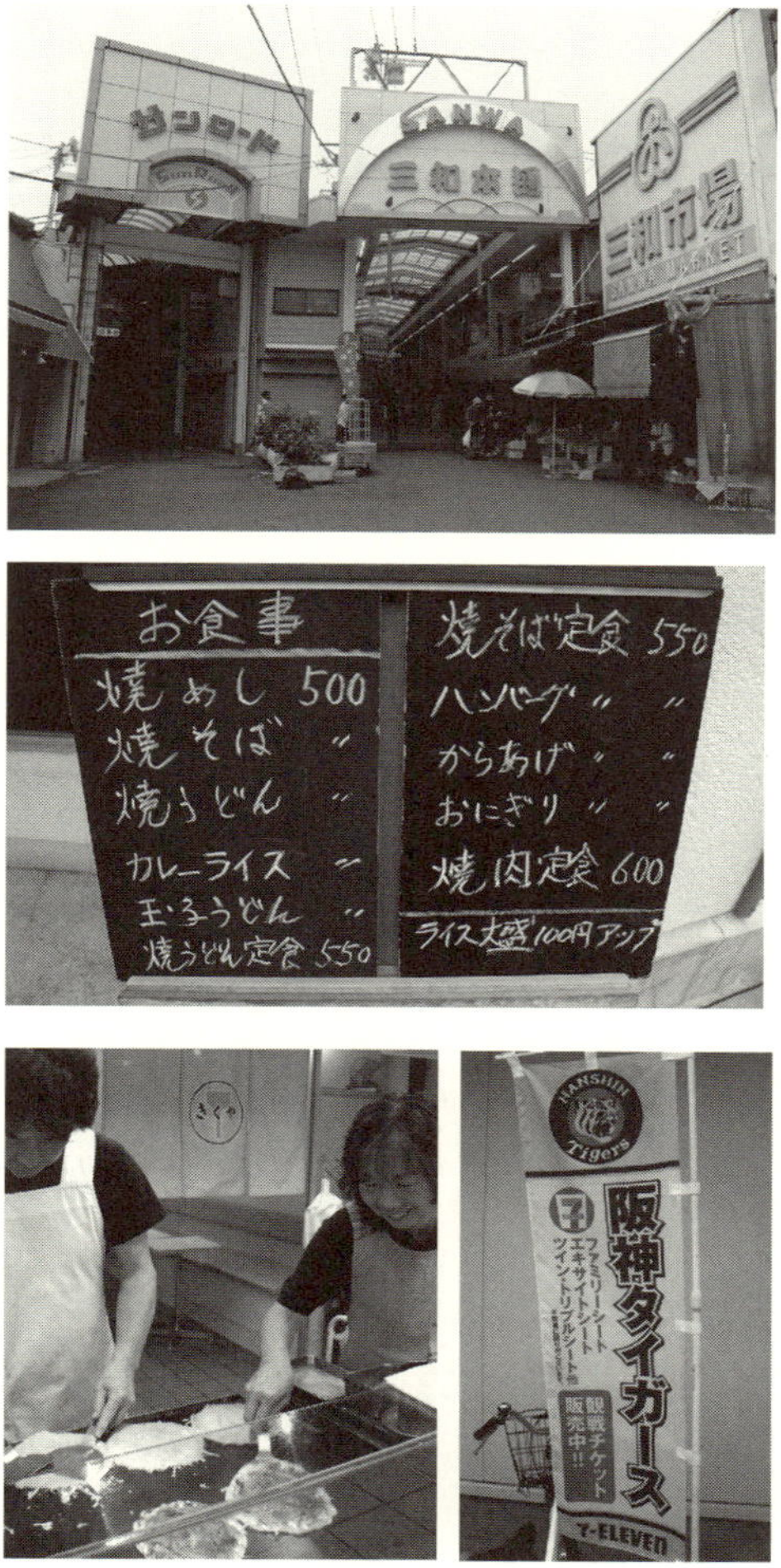

兵庫県尼崎市の阪神電鉄の尼崎駅から出屋敷駅までのアーケード付き商店街は複雑な迷路のよう。ある場所は入口が３つもある。そこは安くておいしい粉もん文化と、コンビニすら応援団になる阪神タイガースの聖地だ

でも揃うのが特徴で、活気がある商店街だ。さらに商店街を挙げて阪神タイガースを応援している。まさに「阪神ファンが多い」、「ノリが良い」、「おせっかいなおばちゃんがいる」、という関西のイメージを凝縮したようなまちだ(あの見ず知らずのおばちゃんが「あめちゃんいる?」といってきそうな世界!)。

私の自宅は、三和商店街から幹線道路をはさんだ住宅街にあったが、当然、下町の様相が色濃かった。私が、子供の頃に遊んだ自宅を中心に半径100~200m四方を思い出しながら図にしてみると左のようになる。

自転車に乗れない子供でさえ遊ぶ場所に事欠かない。狭い路地はもちろん、少し歩いただけで、たばこ屋さん、パン屋さん、「パーマやさん」といっていた美容院などが立ち並ぶ道に出る。断っておくと、パン屋さんといっても、今風のベーカリーというようなものでなく、駄菓子屋を兼ねていて、お小遣いで買い物ができ、学校が終わると示し合わせて集まるたまり場となっていた。

お店の多くは1階が店舗で2階が住宅というような「店舗併用住宅」で、私の父はサラリーマンだったが、友だちに商売している家が多くあった。それらのお店の子供は、私の同級生であったり、兄の同級生であったりと、生まれた時からの知り合いで、お互いの家族構成までよく知っていた。当然、遊ぶときも、同じエリアの友だち同士での異年齢構成だ。公園も少し離れていた地区にあったが、そこよりもどちらかといえば路地が遊び場だっ

子供のころの遊び場を描いてみた

遊び場は家の前の道路、路地、そして塀の上！
なぜ交通事故に遭わなかったか不思議だが、悪さなどをして「はみ出した線」を戻す役割の大人の目が行き届いていた

た。道路の上に線を引いてドッヂボールをやった。ボールがそれて近くの家に飛び込み、無断でボールを拾いに入り、叱られるのは日常茶飯事《さはんじ》で、あるときなど新聞配達のひとの頭にボールがあたり、こっぴどく「しばかれた」。ラジオ体操をやったのも家の前の道路だ。路地はかっこうの隠れ場でもあり、泥棒と警官に別れる「ドロケイ」や、高いところにいれば鬼につかまらない「高鬼」などの遊び場だった。高鬼の必然として、高いところ、危険なところはよく登った。塀の上をおそるおそる渡った思い出もある。

私が子供の頃の昭和50年代は当然、路地といえども自動車は入ってきたし、自動車を持っている家もあったから、遊ぶときはけっして安全ではなかった。それでも大通りに出さえしなければ、自動車にひかれることなく路地で遊ぶことができた（私の子供には真似させる気にはならないが）。

私たちが路地で遊ぶときは、周りの家からの視線がいつもあり、少し何か悪さをすると、あっというまに親に情報が伝わってしまう。この顔見知りネットワークこそが、J・ジェイコブズのいう「通りからの目」で、私が遊んだ路地でも通りからの目が強固だったのだと思う。商売する側にとっては、子供は「お客さんの子」であり、また「我が子の友」だった。広くいえば「地域の子」だったのだ。また、商店主は、地域の顔役で、ご近所付き合いと商売がちょうどよい程度に混ざり合っていた。

私の家の裏にはお好み焼きのソース工場があり、いつもソースの匂いがしていた。子供時代を思い起こすとき、家の周りの風景と同じくらい、匂いは深く染みついている。夏など校庭で遊んでいるとよく光化学スモッグ注意報が出て、運動場に光化学スモッグ注意報を知らせる旗が立つと、教室に避難しなくてはならなかった。「ふるさと」に付随するのは「うさぎ追いしかの山」の景色でも、「小ぶな釣りしかの川」の音でもない。でも、「雨に風につけても」、ふと「思いいづる」とき、愛おしい「ふるさと」の記憶だ。

こうしたふるさとの原風景は、おそらく私が特異というわけでないだろう。ひとりひとりのふるさとを思いかえしてみて欲しい。イメージとして小学生のときの家の周りなど、せいぜい歩いていける範囲がふるさととして思い起こされるのではないだろうか？　そして遊びの途中に子供だけで駄菓子屋に買いに行ったり、近所の家にボールが入り勝手に入って怒られたりなどの経験が少なからずあるはずだ。そして、近隣のお店や、家のなかからの子供への大人の視線があったと思う。

こうした原風景を私が持っていることを考えると、郊外の生活で、親の自動車で送り迎えする子供の原風景はどのようなものか？　それはいまの子供たちが育った後になって聞いてみるしかないが、お隣との距離感の濃かった関係とは少なくとも違うように思える。私も3人の子供がいるが、どこに行くにも車で移動しており、自分が子供のころに経験した、歩いて行ける範囲で何でも揃い、遊べる環境とは大きく違う。

もちろん、それが子供にとって幸せとはいえないなどというつもりもない。ただひとついえることは、大人にとっては便利で、きれいな郊外の住宅地での他者との関係は、私が育った時代に比べ薄いだろうといえる。

こうして私は路地で育ち、そこでふるさと体験を形づくった。そこで形成された下町の特性をまとめると以下のようになる。
①子供の行動範囲は限られているが、連続している
②遊び場としての路地や道路、近隣関係の中で、大人の行き届いた視線が多数ある
③子供同士、より厳密には異年齢でも集えるたまり場がある
④子供の成長を近隣の大人も把握することで、地縁が育まれ、地域は安心して戻れるホーム（自宅）となり、ふるさととなる
これらはどれもJ・ジェイコブズの本に出てくる風景と重り、大切な要素を含んでいる。

点と点で結ばれた郊外の関係性

計画的な戸建住宅地が位置する郊外での暮らしは、通常は自動車での移動が前提となっている。駅前はとにかく、開発の中心部から外れると、移動手段として車がないと暮らしは成り立たない。病院に行く時、買い物に行く時など車での移動が軸となる。

郊外での暮らしは、自動車に乗って目的地まで行き、ひとつ用事が済めば、また別の目

的地まで自動車で移動する。自宅とそのほかの場所を車で移動することが多くなるのは、自動車を移動手段としてまちが設計されているからだが、視点を変えれば都市計画の性格上、そうならざるを得なくなっているともいえる。

都市計画の手法として、住居区域、商業区域、工業区域、など用途に合わせて、区域を明確に分け、それぞれの区域は道路でつなぐことを基本とする。

この区域分けは、土地を合理的に利用し、いかに効果良くするかを目的としている。

まちの区域分けは、「都市計画法」という法律に従って行われるが、都市計画法で掲げる「基本理念」は以下のように定義している。

「第2条　農林漁業との健全な調和を図りつつ、健康で文化的な都市生活及び機能的な都市活動を確保すべきこと並びにこのためには適正な制限のもとに土地の合理的な利用が図られるべきこと」(傍点は筆者)。

「都市計画法」は昭和43（1968）年に施行され、以来、日本のこれまでの都市計画において重要な指針となってきた。

多くのひとが集まる都市で、渋滞が起こらず、それぞれが目的の場所に効率良く移動でき、昼間は学校で学んだり、業務を行ったり、買い物をする。学校や仕事が終われば、それぞれが自宅に戻り、快適な住環境で暮らす。その多くは、自動車での移動を前提とする。

郊外で暮らし、車で移動する子供にとって、とくに認識の能力を超える移動は、どのように把握されるか？　普段の暮らしを親の自動車で移動する子供は成長の過程で空間認識をどのようにするのか？　これは簡単には分からない。ただいえるのは、子供にとって自動車での移動は離れた点と点との関係として記憶されるということだ。歩いては行けない距離の2地点間を、自動車で移動すれば子供は別々の点と点としてとらえる。当然、何度も行ったり来たりすれば点と点は線で結ばれ、さらにまち全体を面として認識するようになるだろう。そこに個人差はあると思うが、自転車に乗り、自由に移動できるようになれば、昔、自動車で親に連れてきてもらったお店などがひとつの連続した道という線で結ばれ、その発見の感動はだれもが経験するかもしれない。それは自分の力で行けるようになる小学生の高学年〜中学生（10歳〜12歳、13歳）になってからだろう。

機能的に、合理的に設計された郊外を、そこに暮らす子供の視点で考えると、自分が暮らす街区はもちろん、離れた街区と街区など各拠点の位置関係を子供は成長過程でどう認識するのか？　私は児童心理学者ではないので専門的なことは分からないが、郊外と子供、とくに幼児期の空間認識とアイデンティティー（自己同一性）との関係は、小中一貫校など学校の統廃合が進むなかでこれから重要なテーマになるのではないだろうか。

離れた2地点間をおよそ子供レベルでは自由に移動できない。それは、普段自動車を自由自在に操作できる大人にとっても同じことで、たとえば自動車という移動手段が奪われたとき、初めて分かる。現在の郊外は別々の点と点とでの関係性が暮らしの基本となる。

これが郊外の人間関係の大きな特徴であり、そのことを理解すること。この前提に立って、郊外の戸建住宅地でのプレイスメイキングについて考える必要がある。

サードプレイスとしての「界隈」

子供が、自宅（ホーム）から一歩外へ出て、いかに外の世界を獲得するか、そのプロセスは、だれもが体験しているはずだが、成長すると忘れてしまう。いい方を変えれば、「ひととひととの関係性が生きたまちの空間」を考える上で、路地で遊びながら少しずつ関係性を培っていく子供の視点を考えることは、戸建住宅地でのプレイスメイキングを考える上で重要といえる。

私は、芸術大学で環境デザインを学んだ。大学受験に必要なデッサンを習ったりしたが、美術教育における空間構成で広く使われている概念として「点と点、線から面へ」がある。これは、ヴァシリー・カンディンスキー[7]が芸術を科学的な視点から分析してみたときに得た概念だが、子供が自宅からまちを認識するプロセスをたどる上でも有効だ。

子供は母親の懐から離れる瞬間、それは点が生まれる瞬間といっていい。点から線を引き出すのは、兄や姉などの年上の異年齢の子供や同年齢の友だちであり、それを見護る近所の商店主や地域の大人だ。友だちや近所のひとは、もっとも親しい人間であり、保護すると同時に、規則を守らなかった場合、叱る人間だ。子供は叱られることで、どこまで線を延長すれば良いかを学ぶ。友だち同士ではいっしょに線を引き合い、それによって生み出される面は共有されるが、周りの大人たちからは子供たちが共有している面は見えづらく、一見すると共有されていない。ただ共有されないということはネガティブでなく、秘密基地のように子供だけの世界であるからこそ、大切な共有空間といえる。

子供は、友だちと身近な大人という2者の関係を媒介に、内部の点を外に延ばすことができ、そこから次々と体験を積み重ねながら線を引き出していく。

その線は幾本も幾本も引き出され、発見を通して自分を取り巻くさまざまな関係の線はとても複雑で、きっと定まっていない。ときに、大人の決めた領域をはみ出す。

たとえば、塀の上であっても子供にとっては魅力的な線の先にある面だ。しかし、ひとりでは踏み出せなくても、ともに共有できる点（友だち）を見いだせれば、ともに計らいながらいっしょにそこへはみ出せる。はみ出すことで新たな発見がある。ただし、はみ出した瞬間に、そこの家人、他人という大人によって叱られ、規制を受けることで、少しずつ、入ってはいけない面があることを学ぶ。

子供が点から線へ、そして面へと踏み出す世界は、複雑で、多様な線がからんだ面を生み出す。ときに、それは猥雑《わいざつ》で、狭隘《きょうあい》で、予測不能だ。形だけから見るとけっして美しくないが、面における関係で見れば、複雑な面を共有する親しい関係（ときに異年齢の友だ

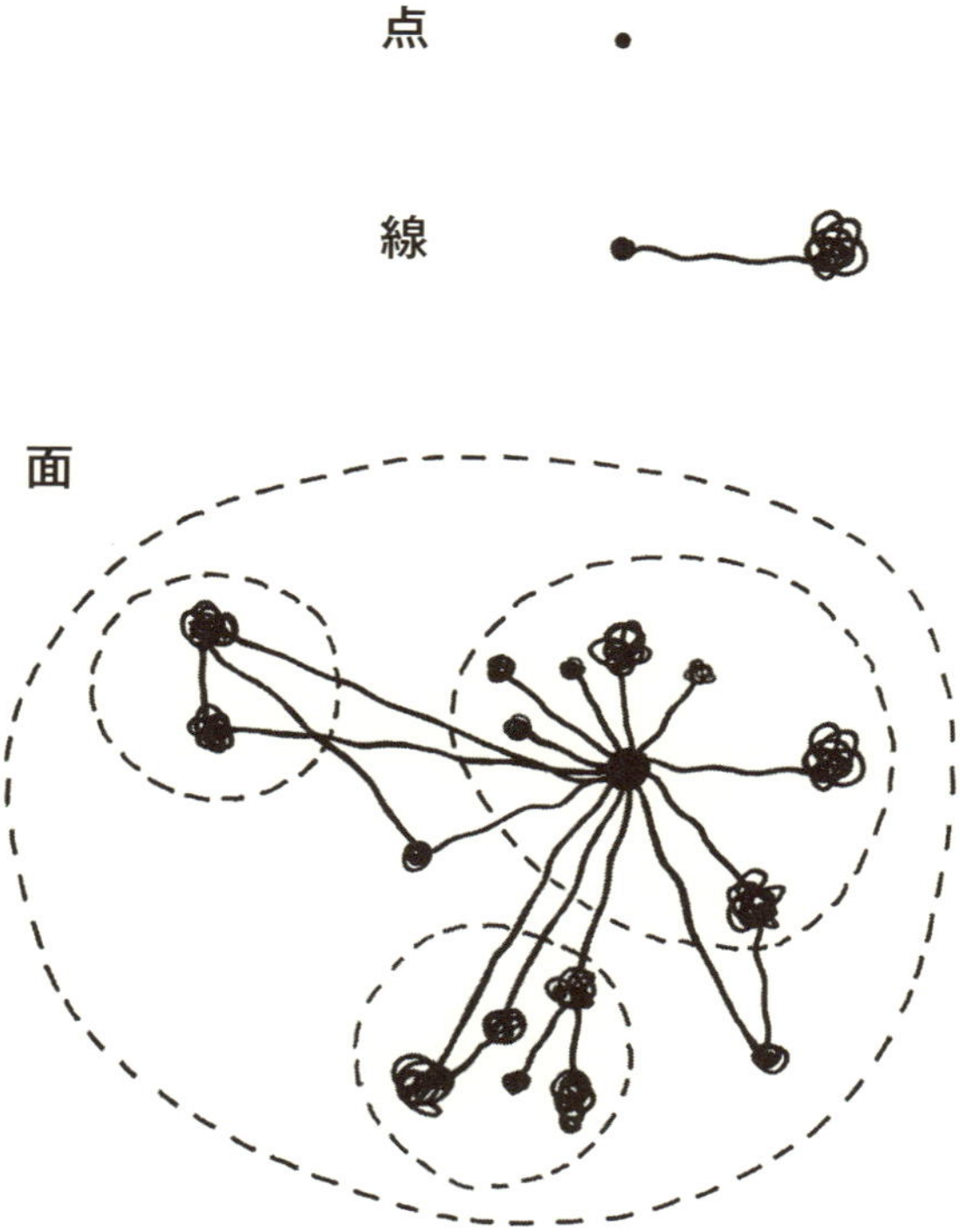

**子供が世界を広げていくときはひとつの点から線へ、
やがて複雑な線がからみあって面へと広がる**

ち）があり、線があまりにもはみ出し過ぎないように制御する大人という関係性が補助的にあることが大切だろう。

そこに、生まれる賑やかな空間は、なにも子供たちだけのものではなく、大人にもあった。路地の居酒屋、スナックなど一見無制御のようだが、実に巧みに制御され、不思議な空間を生み出す。たとえば、その空間は「界隈」と名付けられていた。

複雑で猥雑な「界隈」は、それを整然と制御するためにことばや空間により明確に区別したとき、不思議と消えてしまう。たとえばひとりが、オートマチック車の制御を誤って、界隈につっこみ、事故を起こした場合、自動車と歩行者を別けるための路側帯がガードレールによって明確に別けられるだろう。その瞬間にあのなんともいえない雑踏、人混みに紛れておそるおそる自動車が進む界隈は消え去る。その危険を冒すよりも、自動車は大きな駐車場に納めておいて、雨も風も心配しないで歩けるショッピングモールという新しく生み出された賑わいに代わる。そこは、線が込み入った複雑な同時間の面を共有する友だちも、はみ出したときに制御してくれる大人もいない。その賑わいは「界隈」というノスタルジックな響きで呼ばれる世界ではない。

都市計画は、安全で、衛生的であることを目的に、機能性や合理性を最優先するため猥雑さや複雑さを制御し、規制してきた。それは、たとえば、子供の教育の場をある限られた文教地区という面で囲むことで、安全は確保されるはずである。ただ目的ごとに面で囲む都市では、面をはみ出したときに問題が発生する。

「界隈」では、子供を見守るのが大人の役割であったはずだが、制御され、規制された都市計画上の街区、たとえばそこが住宅地であれば、公園をつぶして造られようとする保育園の子供の声もひとによっては騒音にすらなる。送り迎えをする自動車は、新たに制御しなければならない対象となる。なぜなら、送迎用の自動車は運転する側も、なるべく短時間で送迎を済ませたいし、受け入れる側も路上駐車は避けてほしい。界隈の人混みを避けるようにスピードを落とす自動車を認めることは当然できない。セキュリティについても、「界隈」というノスタルジックなものによりかかって、何もしないというわけにいかない。当然、その面を管理する責任が発生するからだ。万が一でも犯罪が起きてしまったとき、その被害者はたいがいは社会的弱者、つまり高齢者や子供たちで、当然、防犯については起こることを前提にどう防ぐかという視点で取り組まなければならない。

私たちは、J・ジェイコブズの街区を見守る目も、R・オルデンバーグのサードプレイスも、あのノスタルジックな「界隈」をかたちづくる上で大切な必要な要素であることは知っている。しかし、計画的な戸建住宅地で、「界隈」を生み出そうとすることは、新たなノイズを生み出すことでもあり、静かな住宅地を求めてきた人たちの期待を裏切ることになる。そこで領域というエッジ、境界を明確にし、通りからの目に代わる目が必要となる。

現実的な問題として、戸建住宅地で子供を見守るためには、防犯用の監視カメラは有効であることは分かっていても、さらにそのカメラをだれが管理し、そのコストをだれが負担するのかといった運用面を考えると、そう簡単でなく、実際に運用にいたるまでには解決しなければならない課題がある。

であれば、一見無制御で前時代的な「界隈」を、戸建住宅地の住民の合意の上、自らが採り入れることの方がより現実的であるということに気付くはずだ。

戸建住宅地に子供が複雑で猥雑な世界を生み出せる「界隈」をかたちづくるための手法を私たちは持っていない。どうすれば手に入れることができるだろうか？ 一度失った路地を戸建住宅地につくることは、可能であっても現実的には難しい。では、どうするか？このことこそが、私たちプレイスメイキング研究所に与えられた課題のひとつではある。そして、手探りのなか、遠い目標を遠目ににらみながら、実践を重ねてきた。しかし、そう簡単ではないことも確かで、それはひとつの実験的な試みといっていいのかもしれない。

【註】

1　つくばエクスプレスは、東京圏の高速鉄道網の常磐新線として構想されたが、鉄道事業単独として投資額が大きく、実現がなかなか難しかった。平成1(1989)年9月に施行された「大都市地域における宅地開発及び鉄道整備の一体的推進に関する特別措置法（一体化法）」により、鉄道敷設と住宅開発の一体化が国の方針として示され、沿線自治体が出資者となって平成3（1991）年に首都圏新都市鉄道株式会社を設立、翌年に鉄道事業法に基づく「第一種鉄道事業」の免許取得。平成17（2005）年8月、秋葉原駅とつくば駅との58・3㎞を最短45分で結ぶ高速鉄道として開業した。

2　『都市データパック2015年版』（2015年、東洋経済新報社）。

3　J・ジェイコブズ（Jane Jacobs、1916年〜2006年）は、アメリカのジャーナリスト。都市論におよばず、まちにおけるコミュニティの本質を明らかにした。

4　J・ジェイコブズの翻訳は2つある。Ⅰ部とⅡ部のみに限定して翻訳した黒川紀章訳『アメリカ大都市の死と生』（1977年、鹿島出版会）。完全訳として山形浩生訳『アメリカ大都市の死と生』（2010年、鹿島出版会）。

5　R・オルデンバーグ（Ray Oldenburg、1932年〜）は、アメリカの都市社会学者。『サードプレイス―コミュニティの核となる「とびきり居心地よい場所」』（忠平美幸訳、みすず書房、2013年）。

6　「戸建住宅地の公共とは？―渡和由氏との対談から」（温井達也、「戸建住宅地におけるまちなみの管理(5)」、住宅生産振興財団、『家とまちなみ』75号、2017年）。

7　ヴァシリー・カンディンスキー（Wassily kandinsky、1866〜1944年）の『点と線から面へ』（宮島久雄訳、2017年、ちくま学芸文庫）。

2節

戸建住宅地での プレイスメイキングの考え方

前節で、プレイスメイキングの考えが主に都市部のまちづくり、とくに都市化により多様な機能が奪われ、それにより生じたコミュニティの崩壊に対し、新たな視点でさまざまな活動が広がりつつあることを紹介した。プレイスメイキングの考えの原点にあったJ・ジェイコブズは、都市の街路から公共生活を奪った主な原因は、都市計画で行われた再開発や、郊外に造られた計画的な住宅地だとした[1]。J・ジェイコブズの批判に従えば、私たちが関わっている新しいまちとしての計画的戸建住宅地は、プレイスメイキングの場を阻害こそすれ、プレイスメイキングのフィールドにふさわしくないように思える。そして、J・ジェイコブズだけでなく、サードプレイスの提唱者、R・オルデンバーグは、現代社会のコミュニティを考える上でその基盤として、飾らない（informal）、出入り自由な公共生活が重要であることを指摘した。両者が共通して掲げた「公共生活」はもちろん訳語で、その原語の英語は、public life だ。public life に「公共生活」という訳を与えたとき、それがどのようなものか、すぐぱっとイメージできるひとはどのくらいいるだろうか？

「公共生活」といわれたとき、日本語を話す私たちがイメージできない背景には、日本語として公共、パブリック（public）の考えが未成熟であるという状況が影を落としている。このことはすでに述べた。ただし、それは日本にパブリックの考え方がなかったということではない。ひとつには、西洋語を日本語に訳し、まったく新しい考えとして受け入れる意識の問題があるように思える。たとえばパブリックという語を公共と訳した段階で、私的、つまりプライベート（private）を対義語として思い浮かべるだろう。そして、個人の対極としての公として、官、すなわち行政が管理する公的なものや事柄の意味合いが強まる。公共、パブリックとは、1対1を基本とする個の関係から1対多へと開かれた関係、そこでの共通の価値観や空間を意味するのであって、必ずしも、官とは結びつかない。

かつての日本語に、この公共、パブリックにあたることばとして、世間ということばがあった。世間をうまく渡る生き方を示す語として渡世《とせい》がある。世間でひととの関係性を保つためには、むしろ個人の才覚、経験が大きくものをいう。また、まち場での界隈は、複雑で猥雑《わい》で、狭隘《きょうあい》であっても、だれかが管理しなくても、一定の統制が取れ、賑わいを維持してきた（路地を遊び場に界隈で育った私の体験は前節で述べた）。世間や界隈ということばを私たち日本人が持っていたことを思い、それを公共生活とをあわせて理解すれば、公共生活の主体は、遠いものでないことに気付く。

日本でいうプレイスメイキングの対象となる公共生活の営まれる場、すなわち公共空間は、公園や広場、商店街などを指す場合が多い。逆にいうと、個人の家の集合体としての戸建住宅地はどちらかといえば私的な空間と思われがちで、公共生活を対象とするプレイスメイキングの場と主張してもあまりピンとこない方が多いようだ。

前述した日本の古いことわざに、向こう三軒両隣がある。これも世間の範囲を言い表すことばだが、世間という公共生活の公共性を的確に表現しており、住宅地であってもそこがもっとも身近な世間であることを示している。もちろん、字義通り三軒と考える必要はなく、おおよそそのくらいという意味で、すでに述べたように、その指し示すニュアンスはもはや通じなくなりつつある。ただ、向こう三軒両隣のコミュニケーションを基本とする住宅地は、立派な公共空間であり、まさに公共生活の場であることは確かだ。

プレイスメイキングのベンチャーとして

私たちの会社、株式会社プレイスメイキング研究所は、平成16（2004）年につくば市で設立された。筑波大学芸術系の渡和由《わたりかずよし》氏が提唱する「プレイスメイキング」を実践し、その考え方を広める大学発ベンチャー企業として出発した。

設立時のプレイスメイキング研究所は、プレイスメイキングを実現するために以下の4つの事業を掲げた。

①情報発信

②演出（イベント）

③コミュニティデザイン

④工房

このうち、④の工房は外構をはじめ、建築などハード事業部門で、それ以外の3つは、いわゆるソフト分野での事業が主流となる。本書で取り上げている計画的戸建住宅地でのプレイスメイキングの実践は、③コミュニティデザインにあたる。

今（平成29（2017）年）、コミュニティデザインは、ものづくりのデザインに対して、ものごとづくりのデザインとして知られるようになった。それは、まちづくりなどの場でひととひととのコミュニケーションを考えたり、新しい視点でまちの関係性を考え直したりする手法として認められている。これは「コミュニティデザイン」という語を世に広めているひとり、山崎亮《やまざきりょう》氏らによる実践活動が注目されてきたことが大きい。しかし、私たちがプレイスメイキング研究所を設立した平成16年当時は、コミュニティデザインという語そのものは、まったく知られていなかった。現在、私たちは主に、プレイスメイキングの場として戸建住宅地と関わっているが、本来的には、新しい戸建住宅地だけに限らず、既存住宅地や商店街などさまざまなまちを対象にしたいと考えている。

私たちが主に実践してきた戸建住宅地のコミュニティデザインは、具体的には住宅所有者組合などの運営、コモンなど共用地の保守、そして、住宅地全体のコミュニケーションを図るための運営管理と催事の企画運営のサポートの事業を中心にしている。もちろん、ボランティアでなく、企業のひとつの事業として、対価をいただいている。ただ、管理運営、保守、催事などの事業は、一定のサービスとして提供するわけだが、ある事業計画に沿って着々と実行するというよりも、その住宅地の進むべき方向性を居住者とともに見据えながら、いわばパートナーとして、助言や提案を行ったりする。形になった結果よりも、形にするまでの過程こそが大切で、極端にいえば、その場に立ち会うことそのこと自体が仕事となり、それは簡単でない。ただ立ち会うだけで仕事になるなんてと思われるかもしれないが、毎回毎回、関わる場やひとが違い、その時々に合わせ、意見を聞き、まとめ、提案するので、その数は、立ち会った回数分生まれる。その意味で、関係性のデザインといえるのではないかと考えている。

戸建住宅地の管理、運営とはどのようなことか

2章2節の「まちの間取りを考えてみる」で出した表、「『まちの要素』を成り立たせている要素」を再度ご覧いただきたい（P87参照）。実は、「まち」の間取りを考える上で、あえて触れなかった要素がいくつかある。たとえばハードの要素として集会場、ごみ集積場、広場などの「共有地・共有施設」がある。「共有地・共有施設」は、そこの居住者が共同で所有し、管理することが前提となる。これに対し、同じハードでも電気、水道、ガスなどのインフラストラクチャーは、住宅地で居住者が所有することはほとんどなく、住宅地が開発されるときには計画に盛り込まれていることが多い。実際、住み始めるときには設置が終わっているので、住民の方との直接の関わりは薄れる。また、ソフトの要素は、ほとんどが「まち」の間取りでは取り上げなかった。

そもそも戸建住宅地は、住宅メーカー（ハウスメーカー）、工務店、不動産会社、大手総合建設会社（ゼネコン）、鉄道会社、土地の所有者（地主）などが、開発や企画、販売などに携わる。こうした住宅地の開発、企画、販売などの事業を主体となって進める企業や団体などを「事業主体」、「事業者」などとも呼ぶ。また戸建住宅地の販売を行う主体として「売主」、開発企画段階から行う「開発業者」をデベロッパーと呼ぶ場合もある。本書では、以降戸建住宅地の開発企画、販売を行う主体を「事業主」とする。

さて、事業主が開発段階で企画する「まち」のソフトの要素としては、ルールやデザイン、セキュリティなどを挙げた。これらの事柄を想定して「まちの間取り」を考えると複雑になり、具体的な形が見えづらく、イメージしづらいのであえて外した。ただ、居住者が主体的にまちに関わっていく上で、実はハード以上にソフトの要素は重要で、できればまちを計画する段階において、考慮し、ある程度合意しておかなければならない大切な要素だ。逆にいえば、ハードとあいまってソフト面からも考えられた「まち」は関係性のデザインに優れ、愛着心にもつながっていく。

まちのソフトの要素としてさまざまな法律や、景観維持に関する協定、自治会の設置方法やセキュリティ対策などは、これまで「まち」づくりにおいてはメインとなってこなかった。分かりやすくいえば、分譲住宅あるいは建売住宅の販売広告で、「○○駅から5分という近さ」、「△△△△万円でかなえる自由設計の家」、「子育て世代にうれしいひろびろリビング」、「健やかな暮らしを実現する環境住宅」など家の造りや価格、周囲の住宅環境をアピールすることが常套《じょうとう》手段で、「50年安心して住める定期借地権付き住宅です」、「住むひとが主役の街路樹が剪定できる住宅」、「みんなで見守る安心・安全なまちの家」などのうたい文句は、あまり見ない。実際に地味だし、私がプランを任されてもおよそキャッチコピーにはしないと思う。まちの要素として触れなかったこれらの要素は、イメージ的には必ずしもまちにとって必要がないと思われていたり、あることでよりコストが掛かりそうだったり、関わることで面倒なことに巻き込まれそうな感じがする。第一に専門用語がいっぱいで難しそうだ。もちろんあればあった方がより良い環境が生まれるだろうということはだれもが想像できる。ただ、できれば自分でなくだれかに任せたいというのが本音ではないだろうか？　また、一定の分野では実現するためには専門性が必要となる。

たとえば、景観協定を結び、街路に樹木を植え、まちのセンターにシンボルツリーを植え、各家の樹木の高さや木の種類をある程度統一しようとなったときに、どんな木がふさ

シンボルツリー、どう選べばいい？

まちのシンボルツリーは長く親しめ、誇りをもてる樹種であることのほか、だれが管理するかも大きな選択基準だ。たとえば、管理を行政任せだと、私たちの木という意識は薄くなる

たとえば、木の枝の剪定など高所での作業は行政や専門家に任せ、低い所の植升（うえます）の下草を住民みんなで管理したらどうだろう。ハーブやパンジーなど季節の草花をガーデニング感覚で植えて楽しめるし、見た目も、そこに関わるひとたちの愛着度もまったく異なってくる

わしいのか、だれが管理をするのか、その費用をどう負担しあうのか、あるいは費用の一部を行政から補助してもらうことは可能かなど、そこに関わる居住者が一堂に集まり、話し合い、合意する必要がある。当然そこには、樹木についての技術を持った専門家が同席した方が良い場合がある。たとえばイメージの上ではみんなに愛される桜や欅《けやき》などは、毛虫が発生したり、木が大きくなりすぎるなどの管理面の問題をあらかじめ考慮に入れないと、植えたあとで後悔することはよくある。管理上のよりよいアドバイスをすることで、話し合いによる合意が得られやすかったりする。私たちの出番は、まさにここにある。

すでに述べたが基本的に私たちは、まちづくりでなく、まち育てというスタンスで臨んでいる。まちは預かりものであり、そこで暮らし育っていった住人たちが、次の世代に渡して育てていく。もちろん、個々の家は土地も建物も個人所有だろう。しかし、世間、つまり公共生活の場であるまちは、個人のものではなく、たまたま一時的にそこに関わり、「あずか（与）っている」に過ぎない。その意味で、まちは預かりものというのが私たちの考えだ。

多様な住人が、集まる場での合意形成は、いうほどに簡単でない。なぜか？それは、まちは多様な考え方や、まったく違った人生を歩んできた人が集まる場だからだ。そこではマニュアル通りに行かないことの方が多いし、民主主義の多数決で解決しない方が良い問題も出てくる。そろそろ時間なので、決を採って決めましょうとなったために、それがたんに問題を先送りにしただけに過ぎないことがある。もちろん、すぐに解決できない問題もあるので、先送りもときには必要だが、そこにこんな問題があり、今すぐ解決できないですねと認め、共有することが大切で、そのプロセスがないままいきなり多数決だと問題が共有されずに終わってしまう。また、ときに安直な方法になりがちだ。

まち育てをしていると、そこに必ずリーダーが現れる。これは経験からいえることで、それを信じなければ、この仕事はできない。だれがリーダーか、どう合意を見出すか。私たちは、こうすべきという提案というよりも、時と場を見計らいながら、メンバーの人数や年齢、持っている特技や個性などを総合的に判断し、居住者の合意を引き出す役割を担う。合意を導くためひとりひとりのモチベーションを上げ、リーダーの役割を認識していただくことが役割となる。いってみればファシリテーションに近い。

もちろん一度ルールが決まれば、ルールにのっとって管理・運営をしていけば良いのだが、どのようなまちにしたいのかというビジョンを共有し、その「まち」を自律して運営していくために、寄り添いながら、専門家として携わらせていただくことになる。こうした関わりは、まちづくりというよりも、やはり「まち育て」といえる。

詳しくは、この章の後半で事例を掲げながら説明するとして、こうした戸建住宅地でのプレイスメイキングの事業を始めた平成16（２００４）年当初、あるいは今でも、その意味は１００％理解してもらえることは少ない。もちろん、関わっている方には活動を通して少しずつご理解はいただけるようになるのだが、どこかの段階で、私たちの手から離れるときが来る。また来なければいけない。それは、くどいようだが、そこに住む方たちがまちを育てる三役であり、私たちにとって預かりものだからだ。

「まち育て」の専門家とは

住宅所有者が住宅所有者組合を組織して、自分たちの住宅地を管理するやり方は、アメリカのＨＯＡ（Home Owners Association）がモデルになっていることはすでに述べた。ＨＯＡという組織については、簡単に１章で説明した。ただ、アメリカのＨＯＡをそのまま日本に導入した場合、うまく行かない場合がある。そこには家を資産と考え、資産価値を上げるためのマネージメントを目的とするアメリカと、住まいを家族の「竟《つい》の住処《すみか》」と考える日本の家に対する考えの違いなど､家に対する基本的なスタンスの違いがあるからだ。

しかし、より美しいまち、暮らしやすいまちを維持管理し、マネージメントしていくときに、ＨＯＡの考え方や仕組みはおおいに役に立つ。そこで、ＨＯＡの仕組みを日本になじむように工夫して広めようと、平成21（２００９）年に、齊藤広子氏（現・横浜市立大学教授）を代表として日本型ＨＯＡ推進協議会ができた。私たちも、日本型ＨＯＡ推進協議会の事務局として戸建住宅地管理の普及活動に携わっている。日本型がアメリカ型とど

たとえばこんなひとが、まちの専門家

こが違うかといえば、一からすべてをマニュアルやルールに基づく管理でなく、自治会、ＰＴＡ、商店街、場合によっては隣近所のつきあいなどを活かし、それを戸建住宅地の管理に役立てようとする視点だ。また、それを広める専門家として日本型ＨＯＡ推進協議会は「すまい・コミュニティマネージャー」の認定資格を設けている。いわば、すまい・コミュニティマネージャーは、住宅地の管理やコーディネイターだが、まちを管理運営する場合に専門家のアドバイスが有効なときがある。

まち育ての専門家には、住宅地の建築、施行、売買について、宅地建物取引士（宅地建物取引主任者）、建築施工管理士、造園施工管理士。また暮らしのさまざまな悩み、とくに福祉分野で行政とのパイプ役になったり相談に乗る社会福祉士（ソーシャルワーカー）。さまざまな登記や法的なアドバイスには行政書士、司法書士、弁護士。全体の会計をスムーズに行うためには会計士。そしてまち全体の計画について区画整理士、不動産鑑定士、都市計画コンサルタントなど実にさまざまな専門家が必要となる。こうしてみると、まちは実にさまざまな要素や機能を備えているこ

とがお分かりいだけると思うが、実際はこうした専門家はそれぞれの分野の専門家である。そして、ひとりがすべての専門知識を身に付ける必要はなく、場合によっては、こうした専門家を結びつければいい。私たちの仕事のひとつには、専門家の幅広いネットワークから最適な人選をし、提案することがある。そのために、常にいろいろな分野の方とのネットワークを構築する必要がある。

【註】

1　J・ジェイコブズ↓3章1節の註3、4参照

2　R・オルデンバーグ↓3章1節の註5参照

3節 プレイスメイキング10年の実践から

プレイスメイキング研究所として、10年以上にわたり、住宅所有者組合や自治会の役員の話し合いの場、理事会に立ち会ってきた。正確に数えていないが、ざっくり1000回は超えていると思う。ひとの数だけ違いがあるように、理事会の数だけ違いがあり、どれひとつとして同じではない。そこで、私たちは主役になることはない。あくまでも、理事会の役員さんや会員さんが主役であり、私たちは脇役、黒子だ。この1000回以上の場を通して住宅地の管理において何が大切か、議論として取り上げられた問題の原因はなにかといったひとつひとつの事例は、私たちの財産だ。

少し話がそれるが、PTAにしろ、自治会にしろそれぞれの組織を運営する役員は、1年か数年単位で交替する。よくあるパターンとして、たとえば自治会の場合は、いくつかある班を右回り、あるいは左回りで順に回していって、その年の班長から役員を選ぶことが多い。一見公平だがたまたまその年の班長になった方は「かわいそう」な役回りとなる。

私たちが関わる住宅所有者組合も、班長が集まって役員を決める。そのときの選び方として、なるべく立候補していただけるようアドバイスする。もちろん抽選となる場合もあるが、抽選で決まった場合は、仕方無いのでなんとか1年辛抱しようという後ろ向きの気持ちとなるだろう。できれば、自分たちのまちだから自ら関わり、積極的に活動してみようという前向きな気持ちで取り組んで欲しい。それは、だれかのまちでなく、あなたが住んでいる、あなたが主役のまちだからだ。

私たちが関わる場合は、あらかじめ住宅所有者組合があるということを前提として販売され、それを納得したり、場合によっては自分たちでまちの景観に関われることを評価して買って、住んだ方が多い。したがって、住宅所有者組合にも積極的に参加する意識の高い方が多いのだが、やはりそこにはひとりひとりの事情がある。月曜日から金曜日まで通勤で片道1～2時間をかけて働き、休みの日まで役員の業務に時間をとられるのはたまらないという方もいる。当然だろう。目的は分かるが、表だった役を引き受けるのは本人の性格としてだめという方など、事情はさまざまだ。こうしたさまざまなケースに臨み、立候補という意志表示により役員を引き受けることで、自分のまちがどう変わるのか、これは経験してみなくては分からない。そこで役に立つのは、私たちが経験した1000回という経験の力だ。ある住宅地で、もくもくと草取りを続ける役員の方が、「自分の背中は子供が見ているんだ」といったひとことを紹介し、私自身の体験談や気付きのプロセスを話して前向きに活動していただくためのアドバイスをし、きっかけを作ることもある。

理解されづらい住宅所有者組合方式

私たちが、筑波大学発ベンチャー企業としてスタートした平成16（2004）年は、つくばエクスプレス開通の前年にあたる。昭和38（1963）年の閣議決定をもって筑波研究学園都市の始まりとされるが、首都機能移転を目的としたこの都市は、長年、陸の孤島といわれ続けてきた。首都圏と直結する鉄道は、筑波研究学園都市にとって待ちに待った交通網だった。つくばエクスプレスを運行する首都圏新都市鉄道株式会社は、沿線自治体などが出資する第3セクターで、鉄道と沿線の住宅開発とがセットとなって実現した[1]。

平成17（2005）年8月に開業したつくばエクスプレスの研究学園駅は、駅周辺に広大な住宅地の開発予定地が広がっていた。私たちプレイスメイキング研究所は、設立直後の平成16年、研究学園駅の戸建住宅地のモデル街区の基本構想と基本計画をさせていただくことになった。つくば市に拠点をおき、まちの居場所づくり、プレイスメイキングをかかげる大学発のベンチャーとして鉄道の駅周辺に開発される住宅地のプランニングは、願ってもない依頼だった。

研究学園駅の戸建住宅地の基本構想のコンセプトは、「緑量たっぷりの緑の回廊が住宅地の中心を貫くランドスケープ」であったため、それを持続的に管理するために「緑を管理するために住宅の購入者で住宅所有者組合を組織し、維持管理を行うシステム」という提案をしてみた。

日本は1990年代にバブル経済とその崩壊を経験している。失われた10年、あるいは20年といわれる時代を経て、「緑量たっぷりの緑の回廊」を地元の市町村（この場合はつくば市）に費用負担を求めることは、いくらモデル地区であっても現実的でなかった。したがって、その管理をその住区の所有者たちで行いましょうという、アメリカのHOAをモデルにした管理方式をコンセプトにしたのだが、結果からいうと提案は実際の住宅地の計画に反映されなかった。私たちの提案について、事業者からは「マンションでもないのに住宅購入者に対し所有者組合への加入は説明しにくい」という意見が出されたのだ。

そもそもマンションとは何か？「マンション」を辞書で引くと「アパート。主として中高層建築の集合住宅を指す」（『岩波国語辞典（第四版）』とある。原意は英語の**manshion**で、「大邸宅」の意味だが、豪華であるかどうかはともかく、意味としてマンションとは一種の「集合住宅」ということだ。より分かりやすくいえば、一部屋ごとは個人所有だが、建物全体を個々の所有者が共同で管理する集合住宅ということだ。この集合住宅の共同部分を管理する上で根拠となっているのが「建物の区分所有等に関する法律」、通称「区分所有法」だ。

マンションと同じく、ひとつのまとまったまちを個々の家が集まった戸建住宅地全体と考え、共同管理することで、より合理的により良好な環境が生み出されるのではないか。

この年の前後、私は戸建住宅地で、住宅所有者組合が日本国内でどのくらい行われているかを調査した。住宅所有者組合の運営は所有者が自分たちの手で行ったり、一部、専門家がアドバイスし、事業としてサポートする企業が数社あった。ただ、専門家といっても設計事務所の設計者がたまたまHOAの仕組みに関心を持っていて設計業務のフォローとして行ったりなど、ようやく日本でも普及し始めたレベルで、管理の手法はまちまちだった。しかし、日本でも住宅地の景観を意識し、住民自らがマネージメントしようという試みが少しずつだが始まっていることを実感していた。それだけに、地元のつくば市で、住宅所有者組合が組織された住宅地が実現できればと考えたのだが、実現できなかった。まだまだ時代は早かったのだ。

そんな折、アメリカのカリフォルニア州アーバイン市のHOAのヒアリングをさせてもらう機会を得た。このことは1章で詳しく書いたので、重複は避けるが、このときのヒアリングではっとするような指摘を受けた。

「日本には、『自治会』というボランティアのすばらしい仕組みがあると聞く。なぜわざわざアメリカまでＨＯＡについて調べに来るのか？」

目から鱗《うろこ》だった。住宅地の管理についてアメリカが先進地だとばかり思っていたが、自分の足元にすでにその組織があるのではないかという指摘は、頭を後ろからがつんと殴られたほどの衝撃であり、また発見でもあった。

確かに、日本には古くから自治会という組織がある。

自治会の法的根拠は、基本的にはあいまいだ。自治会は、総務省によれば「地縁による団体」のひとつで、「町又は字の区域その他市町村内の一定の区域に住所を有する者の地縁に基づいて形成された団体」で、自治会、町内会、町会、部落会、区会、区などで、地域により呼び方はさまざまだ。平成25（２０１３）年4月段階で、29万８７００、約30万団体が活動しているとされる（総務省「自治会・町内会とは」）。つくば市は、自治会と呼ばずに区会と呼んでいる。町会、町内会など時代ごと、地域ごとに自治会の呼び方はさまざまだが、住民が自ら決めて運営する組織は連綿と存在してきた。

私は帰国して、さっそく自治会について調べた。自治会の役割として主に以下の３つ。

①住民同士の親睦と住区の保安

②行政との橋渡し

③共有地や物の維持管理

①としては地区の祭り、ごみ置場や地区内の清掃、防犯パトロール。②の代表的なもの

として回覧板があるが、逆に街路灯の設置を行政に要望するなどもここにあてはまる。③は集会場や地域によっては墓地の管理を行っているところもある。とくに不動産の取得については、平成３（１９９１）年の地方自治法の一部改正により、自治会が「地縁による団体」としてはじめて法的に位置づけられ、平成21（２００９）年に認可地縁団体として法人格が取得できるようになったことで、正式に不動産登記が可能となった。

ふたつの良いところを活かしてみる

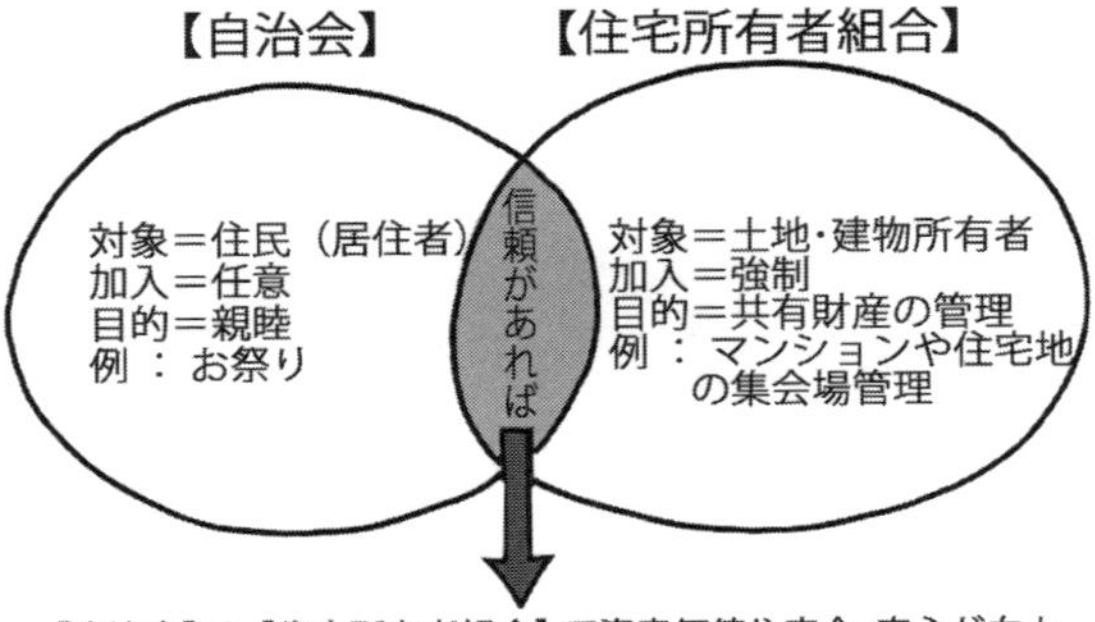

【自治会】＆【住宅所有者組合】で資産価値や安全・安心が向上

結論からいうと、住宅地の管理を自治会だけで進めることは、難しいと判断した。日本で自治会は一定の認識があるもののあくまでも任意加入だ。もし共有地を所有するとなると、それはそれに関わる方たちの共有の資産（不動産）になり、所有という明確な立場が求められる。ただ、古くから暮らしに馴染んでいる組織形態であることから、良いところを活かせないかと考えた。

現在、私たちの戸建住宅地のケースでは、住宅所有者組合と自治会の両方の組織を使っている。たとえば、住宅所有者の共有の所有地である広場や歩道などを維持管理する費用は、住宅所有者組合。その地区全員の親睦を図るお祭りなどのイベントは自治会など目的に応じて組織を使い分けている。使い分けることで、責任とお金の流れが明確になる。たとえば、住宅地には賃借で住んでいる方もいる。そうした方に住宅所有者が共有している場所の外部委託の費用負担をお願いするのは趣旨が違うが、そのまちの一員としてイベントに参加してもらうことで、地域に愛着を持ってもらうことになり、長い目でみれば防犯など地域へのセキュリティを高めることにつながる。

アメリカ発祥のＨＯＡをモデルにした住宅所有者組合と、日本に古くからある自治会という2つの組織を住宅地管理に用いることを、私たちはハイブリッドと呼んでいるが、これを用いた事例は、平成18（２００６）年から事業として関わらせていただいている研究学園駅周辺の住宅地、つくばロケーションヴィレッジで実現した。

デベロッパーやハウスメーカーの委託から始まった住宅所有者組合

つくばエクスプレス沿線に開発される新しい住宅地、そこにアメリカ型をモデルにした住宅所有者組合方式、ＨＯＡを採り入れてもらおうという私たちの試みは、はかない夢で終わってしまった。まだ時代が早かったということもあるが、そんな折、ＨＯＡを形にする機会が訪れた。

平成18（2006）年、株式会社都市デザインシステム（現・UDS株式会社）が、つくばエクスプレスの研究学園駅周辺で手がけていた建築条件付き戸建住宅で、HOAを採用していただいた。

つくばロケーションヴィレッジの販売は、当初はつくばコーポラティブヴィレッジという呼称で、全36戸の戸建住宅地として始まった。駅から北東方向に約600m、徒歩9分のところで、東京を基準に考えると「駅近」の抜群の立地だが、駅前を中心に開発が始まったばかりの空き地が目立つ研究学園駅エリアではどちらかというと遠い距離にあった。販売当初、コーポラティブ手法で土地購入者を募集したが、参加者が少なく、建築条件付き分譲地として、平成18（2006）年に販売を始める。このとき戸建住宅地の管理方法としてHOA方式を採用いただいた。

先に研究学園駅周辺の構想として提案したHOAが一度は実現しなかったが、同じエリアで形になることは、願ったり叶ったりだった。現在、つくばロケーションヴィレッジは、HOAに加え、自治会があり、2つの組織の良いとこ取りのハイブリッドで管理しているが、私たちにとってはHOAを戸建住宅地で実践する初めての試みとなった。つくばロケーションヴィレッジについては、平成23（2011）年に、デベロッパーとの委託契約は一度切れたが、居住者から継続して関わってほしいと要望があり、10年を経た現在も私たちが関っている。つくばロケーションヴィレッジが更地だった土地からまちとしてどう育っ

コーポラティブ手法で生まれた
つくばロケーションヴィレッジ

ていったか、その10年間におよぶ経緯などは、後に詳しく述べる。

デベロッパーを通してなんとか形になったＨＯＡだが、次の展開としてハウスメーカーの手掛ける戸建住宅地で、本格的な住宅所有者組合の立ち上げと運営をさせてもらうことになった。千葉県市原市の「かずさの杜《もり》ちはら台」だ。

かずさの杜ちはら台は、平成21（２００９）年2月から分譲が開始した戸数３２０戸の比較的大規模な戸建住宅地だ。千葉県市原市の北東部に位置するかずさの杜は、積水ハウス株式会社と大和ハウス工業株式会社の2社が事業主となって開発。開発区域全体で良好な景観のまちづくりをしようと2社が共通のガイドラインを決めて、住宅を販売してきた。この段階で、私たちは、2社から住宅所有者組合の立ち上げに必要な管理規約の作成などの業務を委託された。そして、住宅販売が開始された平成22（２０１０）年に、この景観をより良いものにしようと事業者の2社がすでに住んでいる居住者全員の合意を得て市原市に対し素案を示し、景観法に基づく景観計画の策定を提案。その素案を基に、市原市が景観審議会で承認し、平成23（２０１１）年4月に、住民からの提案として日本初となる市原市の景観形成重点地区に指定され、景観計画が施行された。

景観法は、平成16（２００４）年に良好な景観の形成を図るために制定された法律で、翌年から施行された。景観法は、国や地方自治体、事業者の役割に加え、住民の役割を明記しているが、とくに第11条は、住民自らが地方自治体に景観計画を提案できるようになっ

全国で初めて住民による景観形成重点地区が実現した「かずさの杜ちはら台」

ている。かずさの杜の住民が住宅開発者を通して、市原市に対し景観計画を提案したこの事例は、法が施行されてから全国初のもので、注目された。景観法は、計画を定めるだけでなく、その計画に沿った景観が形成されるよう計画にないものは作れないなどの規制がある。それを守らなかった場合は命令や勧告、指導がなされるなど住民に一定の縛りがある。つまり、かずさの杜では、こうしたリスクを承知で、住民が美しいまちなみを形成するために、自らが計画を定め、積極的に動き、私たちは事業主が行う申請の調整や技術的な支援を行った。

かずさの杜ちはら台の景観計画の主なものとしては、住宅の外壁の色彩の制限（淡い色とする）、屋根の勾配や色彩（なるべく緩やかに無色彩かそれに近い色）、壁面は住宅が接する道路からは1・5m以上離す（道路と家との空間をゆったり取る）、道路から家までの間の緑化（家と道路の間を生垣などにすることで緑の量を増やす）。そのほか、かずさの杜は、電線は地中化され、収穫できる柚子《ゆず》、ザクロ、キウイなどの木が植えられている。また、3つのゾーンごとに広場がありそこに統一したシンボルツリーがある。こうした管理も住宅所有者組合が管理することを前提として計画された。

平成23（2011）年6月19日、景観計画を具体的に形にするために、かずさの杜ちはら台管理組合が設立された。この住宅所有者組合の設立の1年前に自治会が設立され、さらに住宅所有者組合を立ち上げることは、販売時点で説明がなされていたとはいえ、この

市原市とかずさの杜ちはら台との景観形成重点地区の主な協定内容＊1

景観要素	対象となるもの	制限の主な内容
建築物の形態や色彩	外壁の色	Y（黄）、YR（黄赤）、R（赤）の色相で彩度6.0以下。その他の色相では彩度1.0以下
	屋根[*2]の形状	建築面積の1/2以上を勾配屋根とする。かつ最上階の屋根は、その階の水平投影面積の1/2以上の部分を勾配屋根とする
	屋根の勾配	勾配は2.5/10以上かつ6.5/10以下とする
壁面の位置	建物の外壁と道路との距離	外周道路、9 m道路、6 m道路、5 m道路及びこれと一体となったクルドサック等の広場の道路境界線までの距離を1.5 m以上とする
道路から見える部分の緑化	外周道路、9 m道路、6 m道路に面した宅地	前面を生垣とする
	地上機器置場またはゲート緑地に面する宅地	前面を生垣とする
	ごみ置場に面する宅地	前面を生垣とする
	5 m道路、歩行者専用道路に面する宅地	道路沿いを生垣または1本以上の中木もしくは高木を含む樹木等によって緑化する
その他	アンテナ類の高さ	アマチュア無線などのアンテナはもっとも高い敷地の軒の高さを超えない
	届出が必要なもの	建築物の新築、増築、改築または大規模な外観の変更
		鉄柱、コンクリート柱、鉄塔、擁壁、煙突の建設
		垣柵、門柱その他これに類する建設等

＊
1 千葉県市原市とかずさの杜ちはら台自治会との間で締結された景観形成重点地区の景観計画を基にまとめた
2 屋根は、太陽光パネルを屋根材とする部分については適用除外段階で充分に理解を得られていなかった。住宅所有者組合の規約で理事役員は班の数と同じ11名と定めていたが、設立時は4名でのスタートになった。私たちは、住宅所有者組合の規約作りと、立ち上げを事業者から委託されており、形式的に整えることを優先しなくてはならない立場にあった。たとえば、住民の各班からくじ引きでも良いので理事を出してもらうよう依頼するなどのやり方は想定されたが、それはしなかった。かずさの杜は班によっては入居者数が少ない班もあり、半強制的に行えば、選ばれたひとは必要人数を確保するために面倒なことを押しつけられたと思うだろう。せっかく、住民自らの意志で景観計画を決めたのだから、最初が肝心と、まずは熱意のある方を中心に活動してもらうことを選んだ。住宅所有者組合設立時の理事4人は、初代ちはら台自治会の会長が声を掛け、手を挙げた方たちだった。

かずさの杜ちはら台管理組合は、私たちプレイスメイキング研究所と組合運営支援業務の委託契約を直接結んだ。その主な内容は以下の通り。

①総会資料作成
②理事会への参加
③名簿管理
④管理費用の集金補助
⑤問い合わせ窓口

市原市とかずさの杜ちはら台管理組合との道路の植栽についての管理協定（抜粋）

	対象	所有者	維持管理者
緑地に関わる植栽	高木	市	市
	植物：中木、灌木、下草、地被類	市	管理組合
	指定樹木：果樹	管理組合	管理組合
	ゲート部分の石①：敷石	市	市
	ゲート部分の石②：住宅地名の表示石	管理組合	管理組合
	ゲート部分の石③：景観重点地区の表示石	管理組合	管理組合
植栽に関する設備	杭およびロープ	市	市
	支柱①	市	市
	支柱②：果樹の支柱	管理組合	管理組合
	パーゴラ（植物棚）	市	管理組合
	散水用水道	市	管理組合

市＝千葉県市原市、管理組合＝かずさの杜ちはら台管理組合

契約は毎年更新だが、現在も続いている。かずさの杜ちはら台の組合活動の原点は理事や、ひとりひとりの住民の方々の意識の高さにあるが、それだけでなく最初の段階で、押しつけられたのでなく、やっても良い覚悟と志を持った方を中心に自分たちが立ち上げたという意識があることが大きいと考える。

かずさの杜ちはら台管理組合は、平成25（2013）年4月1日に事業主としてのハウスメーカー2社が市原市と締結した管理

協定を継承し、その際に、条文の修正や管理対象の所有権、管理方法について見直した。この見直し作業において、私たちは、専門家として住宅所有者組合にアドバイスし、市との交渉に立ち会った。この見直しで、歩道のキウイ棚、水まき用の2か所の散水栓、住区にある高い木の下にある背の低い木などについて、所有は市原市、その管理はかずさの杜ちはら台管理組合が行うこととした（前ページの表の網部分）。これはどういうことか？そしてどういう意味があるのか？

街路のメインとなる木は市原市が所有し、管理を行うが、その下の植栽は市が所有し、管理は住宅所有者組合が行う。たとえば、街路樹の下が寂しいので、ちょっとした花を植えたいと思ったとき、その花などは花を目にしやすい近くの住民が行うほうが現実的だ。また植えられている花への意識が大きく変わる。行政が植えて、行政が管理するとなると、そこに住んでいる住民にしてみれば、私たちの花でなく、行政が勝手にやっているものとなる。しかし、自分たちのまちを美しくするために植えた自分たちの花となれば、手入れの仕方ひとつでも違ってくる。実際、子供たちに参加してもらい、植物の名前を書いたプレートを設置してもらったが、こうしたちょっとした工夫でも「自分の植物」という意識を喚起するのに役立っている。一方で行政側に所有権があるので、万が一管理ができなくなったり、老朽化などで撤去の必要が出た場合に、市がその権利を持っているので、スムーズに撤去することができる。

かずさの杜ちはら台の管理は、すべて住民の手で行っているわけでない。丘陵地にあるため、少し高い土台を積み上げた家が法面《のりめん》の上に建っている。法面は、緑を多くするという景観計画に基づいて、緑地とすることとし、住宅所有者組合が管理することとなった。法面は、傾斜があり、住宅所有者組合の組合員である所有者自らが草取りなどの管理を行うということは現実的でない。実際は、住宅所有者組合と契約を結んだ外部委託業者（造園会社）が管理している。

この2つの事例、つくばロケーションヴィレッジ、かずさの杜ちはら台は、それぞれ事業主から委託され、私たちが事業として住宅所有者組合方式を実践した事例だ。それまで、まちの管理は、自治会という組織がその役割を担い、少数の役員がボランティアとして行ってきた。それはまちづくりの貴重な活力となっているが、持続可能性（サステイナビリティ）という点から見た場合、情熱を持った方がいなくなった段階でとぎれることがある。また、熱意をもって取り組む方の背後には、できれば面倒なことに関わりたくないという多数の住民がいることも確かだ。もしルールだからということで運悪く抽選でまちづくりの担当者となった場合、その活動に積極的な意味が見い出せない可能性がある。自分たちのまちだからと主体的に取り組むまち育てとそこが大きく違う。だれかにいわれたのでなく、自分たちで決めたあるべきまちに向かって、自分たちのやるべきことを決め、自分たちで決めたルールで自律的に活動する。こうした自律的なまち育てを推進していく組織が、住宅所有者組合だ。私たちは、会社を立ち上げた初期段階で、この2つの事例に関わらせてもらったおかげで、日本でも取り組みを広げられる確信を持つことができた。

地権者の側からのまち育て

まち育ては、通常そのまちに住む住民が主体となる。私たちが関わっている戸建住宅地は、デベロッパーと呼ばれる住宅開発者が、地主から土地を購入し、そこに事業主として宅地を造成する。地主は、個人だったり、地方公共団体だったり、企業や公的団体だったりする。住宅地を購入し、そこに住み始めて住人となる方、つまりまち育ての主役となる方は、もともとその土地を所有していた方の思いやどういう歴史がその土地に刻まれていたかなどを直接、地主から聞く機会は少ないのが普通だ。かろうじて、住宅を所有する段階で、土地を登記するときに、字名《あざめい》などで土地の歴史を垣間見ることはあるかもしれないが、ときに字名すら変わっていたりする。新しく開発してできた住宅地でのまち育ては、もともとその土地を所有していた地主は、関われないのだろうか?

次に紹介するプレイスメイキングは、地主、つまり地権者がまち育てに自分たちの思いを託した住宅地での事例だ。

グリーンフィールド島名は、先に紹介したつくばエクスプレス沿線の住宅地だ。一番近

定期借地権を活用し開発が行われている
グリーンフィールド島名(つくば市)

い駅は万博記念公園駅で、茨城県が開発者として区画整理事業を行っている駅から西側1・4kmの「上河原崎・中西地区」のなかにある11区画の小規模な住宅地として計画された。

グリーンフィールド島名は、2つの特徴があった。ひとつは、地権者は通常のやり方で土地を売却できるほかに、50年以上の定期借地権を設定できる。つまり希望すれば土地は手放さなくて良い。2つ目は、地区全体が緑の量が豊富になるよう「緑住タイプ」を条件とした点だ。

定期借地権は、2章で少し触れたが、地権者はたとえば戸建住宅地の場合の一般定期借地権は借地期間が50年以上に設定できる。その期間は、地権者は契約時点で一時金のほかに一定の借地料を得ることができ、契約が切れた後は更地にして地権者に戻ってくる[2]。住宅を購入する側には、土地ごと購入する場合よりも安く住宅が手に入れられるというメリットがあり、また土地所有者側には、先祖代々の土地を手放さずに地代を安定的に得られ、一定期間が過ぎれば土地が戻ってくるというメリットがある。もちろんデメリットもある。定期借地権を用いた手法自体があまり知られていないので、借り手を見つけにくいなどの点だ。

家を建てる側は50年以上とはいえ、契約期間が終わった段階で更地にしなくてはならないわけだが、通常50年経てば、子育てが終わり、住宅の耐久年数も限界となり住み手も高齢者世代に入る。50年後にその資産を受け取る側にとっても、一回契約を解除し、更地にするという条件はそれほどリスクが高いとはいえない。この辺は、土地は所有するのか、それとも一定期間借りてその間活用するのかという住み手側の暮らし方の価値観により判断が分かれるところかもしれない。

2つ目の「緑住タイプ」については、住宅地に景観緑地をたっぷりと確保しようというもので、グリーンフィールド島名の場合は、6mの基幹道路の両脇に12mずつの景観緑地を取る計画だった。2章の「まちの間取り」を思い起こしていただければ、6m道路の脇に12mもの緑地があることがどれだけ贅沢《ぜいたく》なことかお分かりいただけると思う。茨城県の当初の計画では、景観緑地はつくば市と地権者が管理協定を結び、地権者がつくば市に公園として貸し出し、つくば市から一定の賃料を得ることを想定していた。これが実現できれば、住み手としては、道路から家までの間にたっぷりの自然に囲まれた住宅地になる。

グリーンフィールド島名は、平成20（2008）年10月に対象となる地権者に呼び掛け、換地を募集。結果、11区画に6名の地権者が応募した。ところが平成22（2010）年8月、平成24（2012）年10月と2年に1度のペースで地権者を対象にした懇談会を行ったものの、計画は進む気配が見られなかった。私たちは、グリーンフィールド島名では平成23（2011）年12月からコーディネイターとして関わり始めた。この事業を進める上で、先に述べた住宅所有者組合の国内での実績があることも大きかった。一方、定期借地権を推進する定期借地権推進協議会の事務局を請け負っているということでも評価いただいた。

グリーンフィールド島名のプロジェクトをコーディネイトするにあたり、私たちは、地権者ひとりひとりから話を聞くヒアリングから始めた。それは、まち育てにおいては、そこに関わるひとが自らの意志で主体的に取り組むことが重要であると考えていたからだ。宅地が開発される島名は、現在の主な６つの集落が１０００年以上前にこの地に移り住

意見合意に役に立ったイメージスケッチ

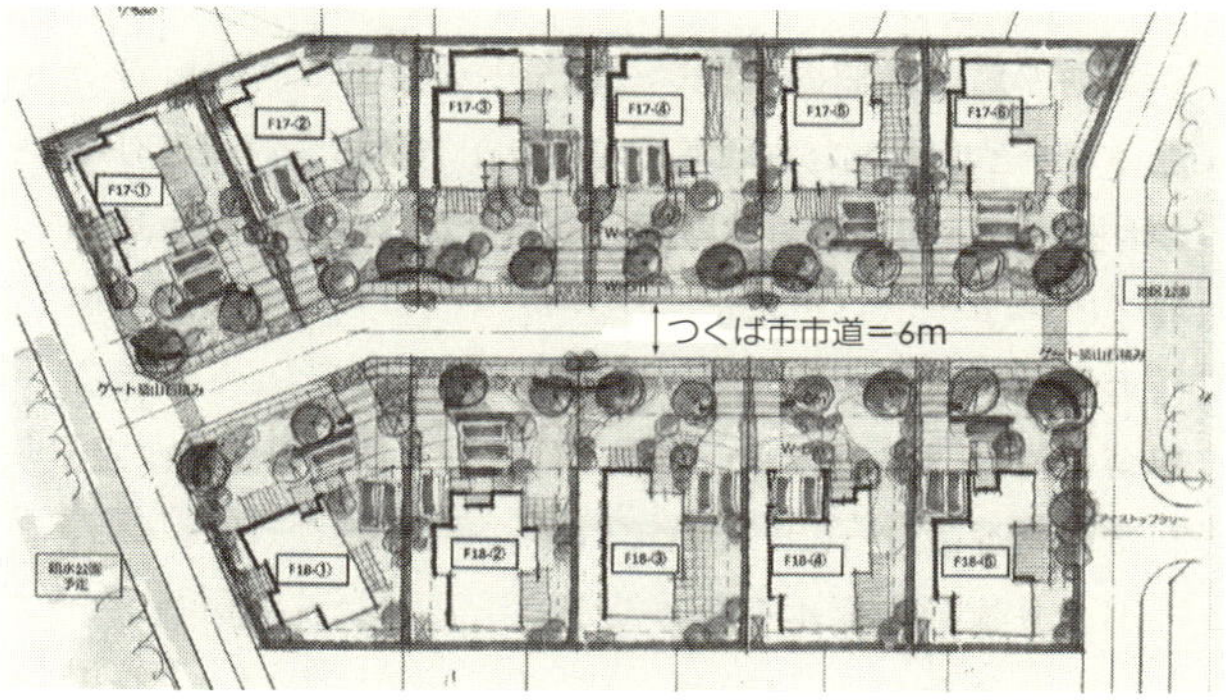

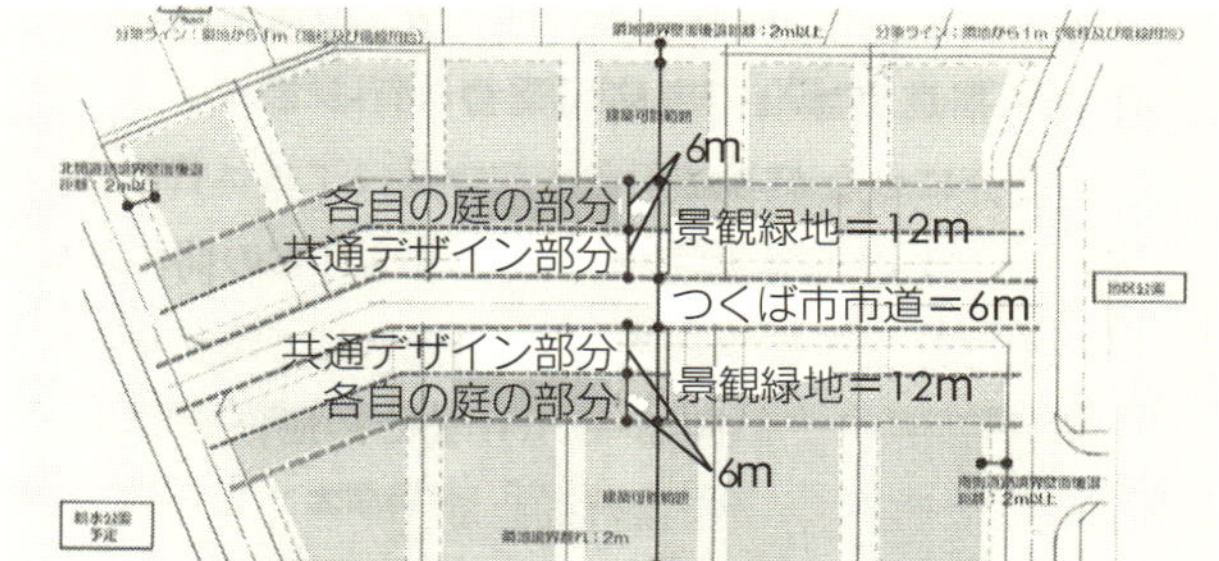

グリーンフィールド島名の完成時のマスタープランイメージ（中）と、景観緑地をたっぷりとった詳細な土地利用構想図（下）

んだという「六軒党」の由来が残る地域で、ヒアリングはまずその土地に代々住み続け、先祖代々の土地を護り続けたことに対する敬意を払うこと、具体的にいえば、地権者こそがまずはまち育ての主役であり、当事者であるということを率直に伝えることだった。私たちは、趣旨を真っ先にご理解いただいた現・地権者組合の理事長を務めているSさんとともに地区内の土地所有者（地権者）を回った。それまで2年に1度しか開催されなかった地権者を対象にした会合では微に入り細をうがった説明をする余裕はなかった。私たちは定期借地権とは何か、先祖の土地を手放すことなく塩漬けのまま放置するのでもなく、まちという形を生み出して活用する方法、そこに地権者として関わっていけることを丁寧に説明した。こうした説明を積み重ねる一方、ひとりひとりの不安などを聞いていった。

ヒアリングの過程で、計画がなかなか進まない大きな原因のひとつが、県が示した計画がすべてであり、地権者がそこに自分たちの思いや考えを反映できないと思っていたことであることが分かった。いやそうでなく、まちを形にするためには、地権者のみなさんが主役であり、どうしたいかを意志表示することが大切ですと説明し、このことを理解いただいた段階から地権者組合が大きく動き始めた。1000年以上も続いた土地は往々にして保守的になる。これは善し悪しの問題でなく、歴史の持つ重みといえる。保守的な地域で自らの考えを表明し、行政の建てた計画にものをいうことが憚《はばか》られるということはあり得る。

ヒアリングが一通り済んだ段階で、地権者組合が定期的に開かれるようになった。そこで私たちは、地権者が判断をする上で必要な情報や素材を提供し、最終的な判断を地権者組合に委ねた。最初は、行政の考えた計画に自分たちの考えを反映させることができるとは思っていなかった地権者だが、話し合いを重ねるにつれ、まちに対する願いや思いを少しずつ語るようになった。そして、グリーンフィールド島名のコンセプトも「100年先を見据えた、環境創造のまちづくり」と設定し、そのコンセプトに基づいた地権者組合規約、まちなみルールの作成、借地料金の設定などを決めていった。組合規約のひな形は私たちが提示したが、それをそのまま鵜呑みにするのでなく、一文ずつ読み合わせを行い、地権者が納得いくまで議論を行った。また、「緑住タイプ」として設定された12mの緑地などまちがどうなるかについては、ことばだけでは想像すらできないことがあるので、私たちはスケッチを専門家に描いてもらい、それを地権者に示しながら、どのような形が、「100年先を見据えた」というコンセプトに合うかをイメージしてもらった。

今振り返るとイメージを共有する上で、ランドスケープの専門家、髙澤静明《たかさわしずあき》氏のスケッチが有効だった。こんなまちなみだったら自分の子供たち、あるいは孫の世代にも恥ずかしくないと思える景観であるかが直感的に理解できる。こうして、グリーンフィールド島名は自分たちが関わるまちだという認識が少しずつ醸成された。そして、景観緑地の12m部分について、地権者はつくば市と管理協定を締結しないことを決断した。景観緑地となるとその対象の12m部分は、地区計画によりセットバックすることになっていて、建物は建てられない。居住者が比較的自由に庭として使えるようにしようということから、12mを6mずつ2つに分け、道より6mを共通デザインとしてまちなみに統一感を持たせ、住宅側6mは一定のルールに基づいて居住者が庭として自由に使えるようにした。つまり、まちをいっしょに造り、育てるために地権者がすべてを決めてしまうのでなく、住み手側にも計画を理解し、活用してもらうことを選択したのだ。

この基本方針に従って、12mの緑地のセットバック用地のルールや家の高さや屋根の勾配、壁の色や生垣などの外構に関する事項をまとめ、文書化した。

現在、グリーンフィールド島名は、造成が終わり、ようやく形になりつつある段階だ。将来の住み手を自ら招き入れるために、地権者組合自らが、宅地分譲の告知を行っている。11戸がすべて整った段階で、このまちをどう管理し、育てていくかが楽しみだ。

【註】

1　つくばエクスプレス→3章1節の註1を参照

2　定期借地権は、平成4（1992）年8月に施行された「借地借家法」によって創設された新しい借地権。それ以前の「借地法」は、土地を一度貸すと借り手に既得権が認められ契約期間が終了しても、建物が建っている場合などは土地を返してもらうために立ち退き料などを支払わないと戻ってこないなどの課題が挙がっていた。そこで、契約の一定期間が過ぎた場合は、借りた土地を更地として戻すことなどが原則となっている。定期借地権には用途や契約期間により3つのタイプがある。借地期間が50年以上で一戸建分譲住宅や公共施設用地、さらに大型集客施設まで幅広い用途に対応する「一般定期借地権」。借地期間が30年以上と短く、契約期間が過ぎた段階で建物を地主が買い取ることにより借地権が消滅し、定借マンションなどの用途に対応する「建物譲渡特約付借地権」。借地期間が10年以上50年未満で、事業用途に限定された「事業用借地権等」。

定期借地権推進協議会「定期借地権活用のすすめ」http://teikishakuchi.com

4節 つくばロケーションヴィレッジでのプレイスメイキング

私たちは、戸建住宅地で住宅所有者組合などの仕組みを通して、管理運営、保守などに加え、ときにイベントなどの催事の企画を行ってきた。戸建住宅地で用いている住宅所有者組合方式は、アメリカのＨＯＡ（Home Owners Association）をモデルに、日本の住宅事情、「まち」づくり事情に合わせ、独自のノウハウを加味している。

新たな戸建住宅地でのまち育ては、宅地や建売戸建住宅を販売する事業者がまちを完成させた後からが始まりだ。その時点では、当然全員揃っているわけでない。まちの主役となるはずの住み手の立場でまちをどう育てるべきなのか、そのためにどういう組織が必要かを考えるが、まだまだ私たち自身、そこに住む人たちに必要な情報や知識がじゅうぶんに整理されていないのが現状だ。

私たちは、住宅所有者組合などの立ち上げをお手伝いする際、どうすればひとびとが住みやすいまちにすることができるか、つくるというより、いっしょに育てるという視点で、管理規約などの文面を作成する。Ａ４判数ページに文章で記された管理規約は硬質だが、今後長年そこで暮らす人たちの将来を左右する。当然なことだが、規約である以上、住み手自身を縛ることにもなる。しかし、住み手が自分たちのまちを育てていく指針と考えれば活用次第で血を通わせ、活かしていけるものだ。私たちのまち育てを通して関わってきた戸建住宅地では、毎年契約を更新いただいて10年間にわたって関わり続けているところもある。

新規の戸建住宅地は、当然だが住み始めて初めて顔を合わせ、そこから仲間づくりが行われる。その意味で、１年や2年でコミュニティはできない。10年たってやっと形が見え始める。まちは10年単位で考える必要があるのではないだろうか。私たちが、そう考えるきっかけを与えてくれたひとつの事例を次に紹介したい。それは前節でも少し触れたつくばエクスプレスの研究学園駅周辺の住宅地、つくばロケーションヴィレッジだ。

共感できる明確なコンセプトとルール

つくばロケーションヴィレッジは、平成18（２００６）年に建築条件付き戸建住宅として販売が開始され、私たちプレイスメイキング研究所が住宅所有者組合の設立に向けコンサルタント業務を委託された。

ここでいう建築条件付きとは、建設する工務店やハウスメーカーなどビルダーを指定するという意味での条件付きでなく、主に景観面やプライバシー保護、周辺の自然環境とのつながりなど環境協定（任意のデザインルール）により取り決められたさまざまなルールを指す。たとえば、外観デザインは、建物の色をアース、グレー、ホワイトなど彩度が際だたずに周りと調和する色とする、高さは2階建てまでとする、テレビはケーブルテレビとしアンテナは付けないなどのほか、建物の配置の仕方や外構面にも決まりを設けた。隣との敷地などさまざまな境界線から１ｍ離す、計画以上の緑量を確保し、維持する、各家の前に植える樹種を統一する、物置やエアコンの室外機は植栽などで隠す、浴室などのプライバシーウォールとなる窓はくもりガラスとする、窓は西側は閉じて東側は開放する。建物の用途は住宅専用か事務所併設であっても看板の設置は不可、また、住宅所有者全員の住宅所有者組合への加入、共有地や共有物の管理義務などまち育てのための条件は21項目にわたる。とくに、景観面で重要なのが、住区全体を緑の回廊、グリーンコリドーで結ぶという計画を活かすためのルールだった。

つくばロケーションヴィレッジは、全32戸のうち28戸が東西方向に貫く幅６ｍ道路に対し短冊状に面している。この一見単調になりがちな「まち」を美しい統一感のあるまちにしているのが、6m道路を中心とするグリーンコリドー（緑の回廊）だ。グリーンコリドーは、3つの要素からできていて、その仕様が細かく決められている。

まず6m道路は、市道、つまり公道でインターロッキング仕上げとなっている（公道で

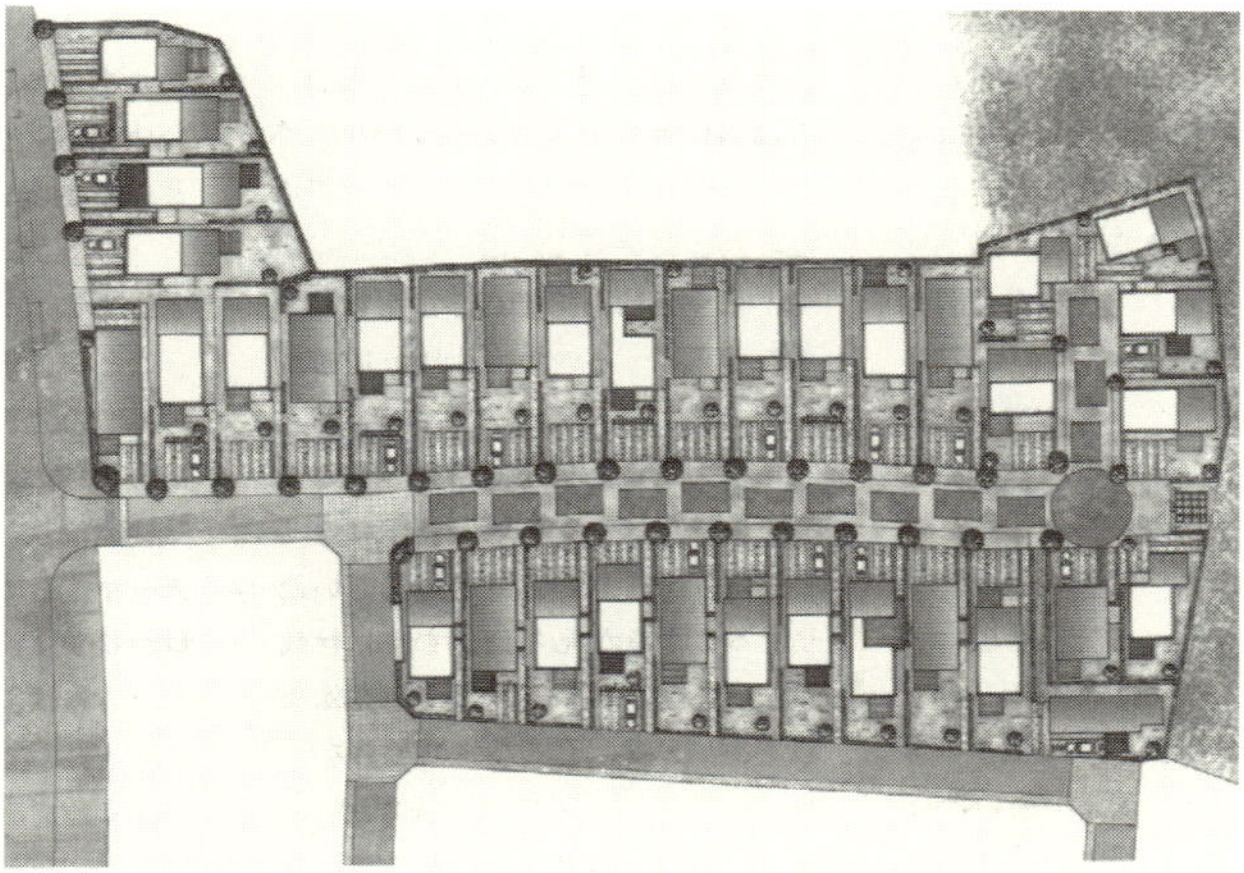

つくばロケーションヴィレッジの街区図。開発当初は36戸でスタート、現在は32戸。住宅地として大きくはない（販売当時の図面より）

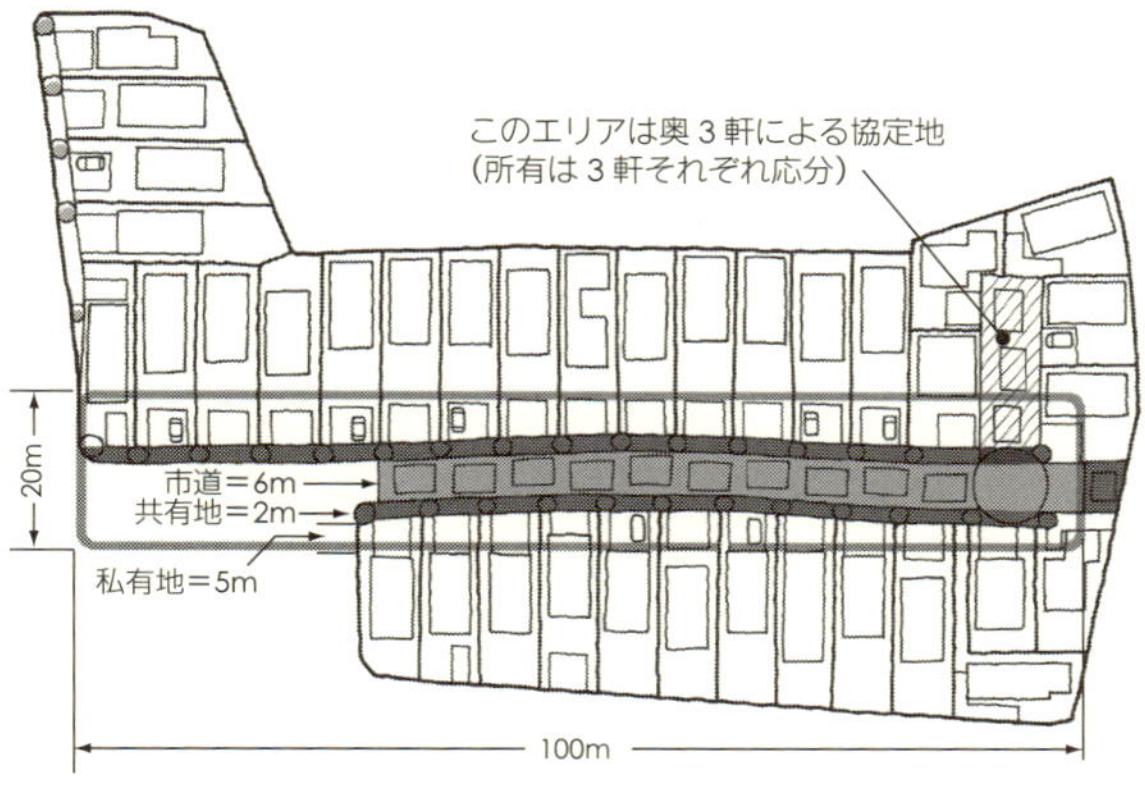

緑の回廊、グリーンコリドーは、住宅地のメイン道路をはさんで幅20mのゆとりある空間を形づくっている（販売当時の図面より）

インターロッキングは見た目はおしゃれだが、一般のアスファルト舗装より高価で、メンテナンスが大変なためなかなか認められない）。その両脇の幅２ｍは、まち全体の共有地とし、公道のインターロッキングと同じ素材を用いる。その共有地に続く各家の前庭および駐車場５ｍは、御影石敷きとし、前庭はつくばグリーンという地元で品種開発された芝生を張るようになっている。各家は玄関先もフェンスや門で囲わないオープン外構なので、広々とし、このグリーンコリドーとあいまって住宅地の中心を貫くメイン道路をはさんだ両側の宅地の連続する庭がゆったりとした統一感のある景観を生み出している。メイン道路は、あえてゆるやかな曲線となっているので単調とならず、背後の森の借景とあいまって、同じ頃に建てられた住宅地と一線を画したエリアができ上がった。

戸数が少ないとはいえ、法的根拠を持たない任意ルールである環境協定でここまで細部にわたるルールや条件が決められ、それが守られることは、日本の戸建住宅地ではなかなかない。そもそも、つくばロケーションヴィレッジで、こうした環境協定を決めることができたのは、その成り立ちにある。もともと、つくばロケーションヴィレッジを手がけた株式会社都市デザインシステム（現・ＵＤＳ株式会社）は、主に都内でマンションなどの集合住宅をコーポラティブ手法を用いてコーディネイトを行っていた。つくばエクスプレス開通に合わせ、この地で、戸建住宅地のコーポラティブ手法を行うはずであった。コーポラティブ手法は、デザイン面や暮らし方などをあらかじめ住み手に明確に示し、その考え方や価値観、ルールを定めて建設するのが通常だが、用意した区画が埋まらない場合は建設予算が不足するため建てられない。つくばロケーションヴィレッジも、明確なコンセプトを示して住み手を募ったのだが、残念ながら必要な応募数に届かず、すでに説明したように建築条件付きに方向転換された。しかし、当初の計画コンセプトは踏襲され、環境協定に反映された。開発当初のコンセプトを維持し続けることは、実は簡単なようで、難しい。

そのコンセプトとは以下のようなものだった。

①豊かな自然環境を活かし、街全体をデザインする
②自分らしい住まいをつくる
③住む人々が主体となって、つくばの人々と共に、街をつくる
④住宅提供側は、これまで培ったノウハウを活かしてそのサポートをする
⑤隣接する森を活かして、まちの中心に緑を取り入れる
⑥南北にひきのある開放的で美しいまちなみとする
⑦ランドスケープをデザインすることを意識して、1戸で完結することよりも複数の住宅が集まることでより豊かな環境の街をつくる

グリーンコリドー、緑の回廊はとくに⑤と⑥のコンセプトを受け継いで、変わることなく形にされた。

時間をかけて育てる

つくばロケーションヴィレッジの販売が開始されたのは平成18（2006）年だったが、32戸すべて売れて住み手が整ったのは、それから7年後の平成25（2013）年だった。統一されたまちなみ、豊かな自然環境は外から見ればだれもがすばらしいと評価できるだろうが、実際にそこに住み、自らがそのためのルールを守りながら住み続けるとなると、高い規範意識が求められる。販売が開始された時点で、買えるひとならだれでも受け入れるということでなく、住まうひとを選ぶ宿命を持っていた。そのためまちができ上がるまでゆっくりと時間をかけ、共感できるひとを少しずつ探しながら、形成されていった。これがつくばロケーションヴィレッジの特徴であり、コーポラティブ手法を活かしたまち育ての特徴だ。

つくばロケーションヴィレッジのまちなみ。住宅メーカー15社にもかかわらず統一感がある

つくばロケーションヴィレッジのまちなみは統

一感が保たれているが、興味深いのは、各戸それぞれを見ていくと、建て方が違うということだ。実際、各家の建築を担ったビルダーは15社以上に上る。まち全体のコンセプトを住み手が理解さえすれば、ルールは住み手を縛るものでなく、むしろひとりひとりの個性を活かす規範となる。それを理解した32戸の住み手は、全体としてどういうまちにしたいかを互いに理解し、共有しあいながら、個々の住宅について自分たちのライフスタイルに合わせることができているのだ。そして、建てた段階で終わりでなく、住み始めてからも隣とも話し合い、時間をかけて合意を生み出している。

たとえば、家と家との境は家から1ｍ離すことは決められていても、その境界をどうするかは隣同士で決めることになっている。通常は敷地境界線は明確にしておかないとあとあと問題になるのでブロックなり、フェンスなどを設置するが、つくばロケーションヴィレッジのある2軒並んだお宅では、互いに話し合い敷地境界をフェンスにしなかった。2軒はある日曜日にホームセンターに出かけ、同じ砂利を購入し、境界にそれを敷いたのだ。こうすることで、境界部分はどちらの家の者が歩いても良いということを認め合ったことになる。また、無駄なお金も使わずに済んだ。

これはほんの些細《ささい》な例だが、まち育てをする上で大きなポイントだ。つまり、お互いに少々のことは気にせず認め合い、許し合うことで、自分たちにとって暮らしやすいあり方を自ら話し合って決める。グリーンコリドーも公道、共有地、私有地という3つの性格の異なる土地からなっているが、どこからどこまでが市の管理で、どこまでが共有地だからという線引きは明確でない。それぞれが役割を自覚し、互いにひとつのまちを育てるために、ルールを作り、実践していく。こうした住み手の総意による10年の積み重ねが、今のつくばロケーションヴィレッジのまちなみにつながっている。

2つの住民組織を使い分けた「まち」育て

つくばロケーションヴィレッジの住宅所有者組合の設立は、販売から3年が経過した平成21(2009)年だった。家が建ち始めてしばらくは住民が少ないという事情もあったが、まちとしてどのような事業を展開をするかが固まらないうちから組織だけを作っても仕方ないという判断だった。

ただ、住宅の販売開始当初にコーポラティブ手法でのまちづくりを計画していたことから、まちの活動は積極的だった。ここには、隣接した森との境界に約32㎡の共有地があるが、ここを入口として隣接する森の下草刈りなど、住区の住民を対象にしたイベントは毎年行われてきた。私たちもこのイベントの企画の立案や実行面をサポートしてきた。

共有地や共有樹木はつくばロケーションヴィレッジ管理組合の管理物で、所有者全員の費用負担がルールだ。ただ、ルール以前に、親睦を深めるためのイベントとしてバーベキューなどを行なった。その際、任意参加のイベントに住宅所有者組合の予算を使うことはせず、分けた方が良いという意見が出された。つくばロケーションヴィレッジでは、平成22（2010）年に、区会（自治会）を結成した。区会はつくば市の自治会組織の呼称で、自治会と考えていただいていい。住宅地に隣接した森にどんな生き物がすんでいるかといった観察会を兼ねた下草刈りなどは、地元のNPO法人と関わりながら行っている。この活動の延長として、自治会がNPO法人の団体会員となるなど地域活動により積極的に関わるようになった。これも住宅所有者組合ではなかなか難しいが、地域交流を目的にした自治会ならではで、2つの組織の良さを活かしたメリットといえる。そして、私たちの関わる戸建住宅地で住宅所有者組合と自治会の2つの組織をともに用いる管理手法がある程度有効だと断言できるのは、ここでの経験があるからだ。

強制加入の住宅所有者組合と、任意加入の自治会の運営について気を付けるべきことは、まず住宅地を住み手が自主的に管理していくためには、受益者負担の原則から外れることのないようにするという点。そして、住宅所有者組合と自治会の役割を柔軟に使い分け、資産管理と任意の親睦活動が不自然な形で重ならないように配慮する必要があるという点だ。しかし、2つを完全な別組織にすると、それぞれの役員の考えの違いで意見が合わなくなることがある。つくばロケーションヴィレッジでは、組織の食い違いを避けるため、所有者組合の役員が自治会の役員を兼務している。

つくばエクスプレスの開通から10年を迎えた平成27（２０１５）年、地元の新聞が特集として沿線でまちづくりがどう進んでいるのか、課題は何かを取材し、記事にした。そこで同じ研究学園駅地区で２つの自治会が取り上げられ、ひとつがつくばロケーションヴィレッジの自治会だった。記事では住宅所有者組合設立の経緯と、自治会の２つの組織の違いが紹介された。そして、新しいまちならではの子育て世代、働き盛りが中心の取り組みに焦点を当て、同時に私たちが運営面でサポートしていることも紹介された。当時の理事長のKさんが、私たちが専門家として関わることについて以下のように発言している。

「我々は役員が変わっていくので、継続的に見るひとがいるのは助かる」（２０１５年8月28日付け毎日新聞茨城県版）。

まちは住み着いた時点で終わりでなく、そこが始まりだ。また、どういうまちにしたいのか、そこにどう関わりを持つのかをまちをつくり始める段階で、明確にすることで、自分たちのまちを育てようという意識の差、結果としてのまちの形、まちの中に本当に居心地の良い場、プレイスが育っていく。つくばロケーションヴィレッジの10年間はそのことを如実に示している。

つくばロケーションヴィレッジに隣接する森で下草刈りのボランティア活動を行い（右)、森で堆肥づくり（左）を行う

4章 自律共生型社会を目指して

1節 戸建住宅地で目指す自律共生型社会

売る立場と買う立場の双方をつなぐ

プレイスメイキング研究所の事業は、いわゆる「計画的戸建住宅地」という主に「新しいまち」と関わっている。詳しくは3章で述べたことを、参照いただくとして、ここでは「計画的戸建住宅地」において、住民同士が新たなまちで暮らすにあたり、将来的に何を目指すべきか、何を一番大切にしたら良いか、私たちがこれまでの経験から実感していることを述べてみたい。

「庭付き一戸建」の戸建住宅は、かつて、というかいまも、多くの日本人にとって「夢のマイホーム」だ。核家族化により平均的な日本人の家族の姿が4人1世帯と想定されてきた。それが、本当に平均的な日本人の家族の姿を反映しているかどうかは議論の余地があることは1章で述べた。たとえば、何十年にもわたり払い続ける住宅ローンは、終身雇用制度を前提としてきたが、一生同じ会社に勤め続けるという働き方そのものが揺らぎ、変わりつつある日本社会にあって、戸建住宅の価値も変わらざるを得ない。

ただ、世の中の状況が変わりつつあるなかでも、ほとんどのひとにとって一生に一度、生涯を掛けて「買う」資産である状況は、昔も今も変わらない。しかしながら、販売時の情報提供は「売る」立場からの一方通行で、これから「暮らす」側、つまり住み手の立場に寄り添った情報が、売り手からじゅうぶん提供されているとは残念ながらいえないように思う。

戸建住宅地を分譲し、販売する際に、その情報の多くはインターネットやパンフレット、やチラシなどで提供されているが、たいがいは家の間取りや強度や内装についてかなり大きく紙面を割いている。さらに、周辺のショッピングセンターや病院、学校、駅などの住宅環境、人生のかなりの時間を費やすことになるローンについてその利率や月々の支払い額などが主な情報として提供される。そして、その補足か何かのように、下の方に細々と情報のかたまり（スペック）が記載されている。それは小さな文字でびっしりと、区画にどの程度の高さ制限があり、住宅の広さが許されるかといった建ぺい率など聞き慣れないことばで。

しかし、本当はここにこそ、マイホームとこれからの暮らしに大切な情報が詰まっているのだ。記されていてもほとんどの方が気に留めないことが多い。本来であれば、「売る」側は、顧客、つまり「買う」側にどのような条件が付帯しているかという重要事項は、事前にじゅうぶんに説明しなければならないことになっている。

そして圧倒的に不足しているのは、買った後に住み始める場合の住民同士のコミュニケーションがどのように図られるかといったまちの運営方法についての情報だ。

戸建住宅を買う際の一番の関心事は、まずは家の値段で、住民同士のつきあい方は最初の段階ではあまり重要とは思われない。しかし、家を購入し、そこに暮らし始めるとすぐに、新しいまちに移ってきた住人との関係が始まるのも、紛れもない現実だ。

隣に住むのは、いったいどんな経歴をもった家族で、どんな家族構成なのかは、暮らしてみなければ分からない。よりリアルにいえば、ごみ出しはどのようにすればいいのか、集積場の清掃はだれがやるのか？　などなど細かな日常が住み始めてすぐに待っている。住民同士のコミュニケーションが家の値段に入っていないのは、当然といえば当然だが、現実として暮らし始めると、とても身近で、大切な暮らしの根幹だということに気付く。

プレイスメイキング研究所は、「買う」側の住民が暮らし始めた後に始まる住民同士のコミュニケーションを、「売る」立場の事業主に提案し、住宅開発の段階から盛り込んでもらっている。つまり「売る」側に、「買う」側が暮らし始めた後のコミュニケーションがスムーズに進む仕組みを採り入れてもらうことを提案してきた。いってみれば、「売る」側と「買う」側の双方の立場で、ひとびとの暮らしが始まったあとのまちの将来を視野に入れながら、計画開発段階から必要事項をあらかじめ盛り込んでいく役割だと考えている。

最初は、私たちも手探りだったが、10年以上にわたり新しいまちのまちづくりに携わらせていただいて来て、計画的戸建住宅地の住民同士のコミュニケーションに必要な機能とは何かが見え始めてきた。

そこに必要なのは、住民ひとりひとりが「自律」しながら、ばらばらでなく「共生」する関係性を持つこと、「自律共生型社会」という概念だ。

新しいまちの公共空間のとらえ方

計画的戸建住宅地の「自律共生型社会」とは何か？ そもそもどんな仕組みで成り立っているのか？

「自律」や「共生」ということばは、一見すると夢の「庭付き一戸建」と何の関係もないように思われるかもしれない。

これについて具体的に述べる前に、計画的戸建住宅地を住みやすく、暮らしやすいまちにするための「ひとつの問い」をいっしょに考えていただきたい。

計画的戸建住宅地という新しいまちは、伝統的なまちに見られない新しい景観や設備が備わっている。たとえば、まちの環境や景観を良くするために遊歩道の植え込みやそのまち独特の街路樹、シンボルツリーを植えることがある。また、自動車の進入を歓迎していないということを示すために袋小路のクルドサックなどを設けることがある。これらは、ほかのまちにはない独特なもので、いわばそのまちに暮らすひとたちの共用物であり、共用空間といえる。

共通した目的の下に、そこに暮らすひとたちが共同で利用したり管理する物や場は、たとえばコモンと呼ばれ、比較的新しいまちに計画的につくられることがある。その場を一定のひとたちが共同で所有する場合は、共有地となる。また、公園など地方自治体が所有する場合は公有地となる。まとまったエリアを何人かで所有し合う場合、一筆ごとは私有地となる。ただ、そこがだれか特定の個人の土地やものでないという意味で、みんなの場や物、つまり公共空間、公共物となる。

戸建住宅地に限らずマンションなどの集合住宅で、このみんなの空間や場は少なからず存在する。そして、管理のあり方、そこの所有権はだれで、管理をどう行うかなどは、あらかじめ考えておかなければならない。

たとえば、クルドサックに、その住宅地のシンボルとして木を植えることがある。この木はだれが所有し、だれが管理するのだろうか？ 当然、家を建てた事業主は、個々の家は対象であっても、通常はシンボルツリーの管理まではしてくれない。

たとえば、同じ木でも、市町村道に植えられた街路樹は、地方自治体が管理するべきだから、枝が伸びたり、毛虫が発生したときは、当然、役所の管理担当者に駆除を依頼する。

しかし、あるまちのシンボルツリーの管理は地方自治体の所有物ではないし、管理対象外

1本の街路樹で公共を考えてみる

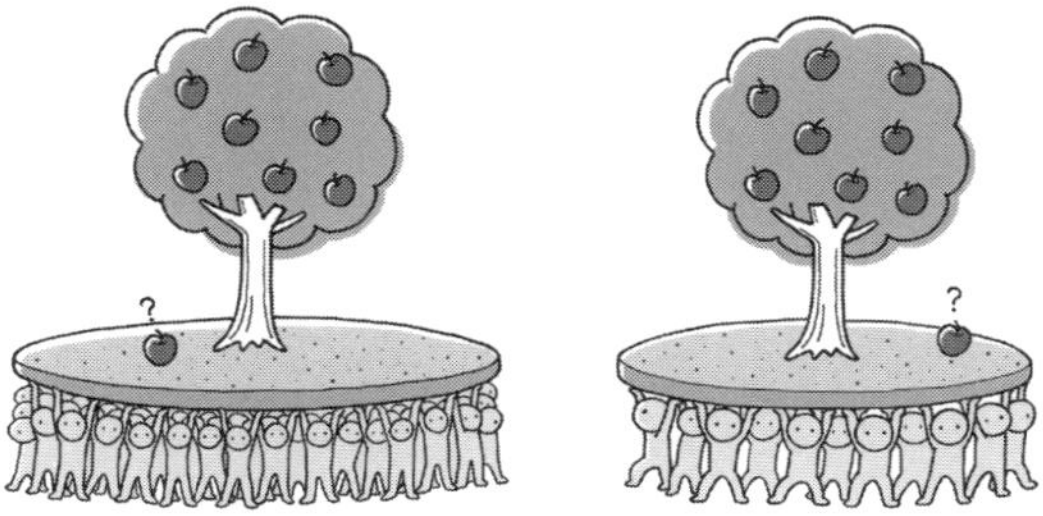

公共、パブリックってなんだろう？
たとえば街路樹を地方自治体で植えて、管理する場合（左）は、その自治体の市民全員のものとなる。それに対し、住宅地で共有して管理する場合（右）はその住宅地の所有物となる。木に成る果実は、「みんなのもの」という点でどちらも公共性を帯びるが、そこに直接関わることで、「だれかのもの」でなく、私が関わった「みんなのもの」になり、愛着度、関心度を高めることができる

となるだろう。3章で紹介したかずさの杜ちはら台のように、住民が主体的に行政に申し出て、住民と行政の所有区分と役割分担を明確にしている例は、かなり最先端の事例だ。公共空間をどうとらえるかは、戸建住宅地で意外と見逃されがちだが、重要な問題だ。

ここでもう一つの問いを設定しよう。

もし、市道の脇の街路樹に実のなる木を植えたらどういうことになるだろう？ たとえば、イチョウの木。秋になるとそこにギンナン（銀杏）がなる。そこになった実はだれのものだろう？ 市が植えたのだから、やはり市のもの？ そして、その実で茶碗蒸しを作って食べたら、市の所有物を窃盗したとして法律違反になるのだろうか？ 逆にギンナンは強い臭いを発するから、その臭いがクレームになるかもしれない。となると、ギンナンがなると分かりながら、そこにイチョウを植えた市の責任を市に追及するかもしれない。実際に最近の傾向として、実のなる木は、実を集めて焼却するなど廃棄処理費用がかかることから、街路樹として敬遠されがちだ。

しかし、たとえばギンナンは栄養成分に優れ、家庭で秋の味覚の一品として添えるのにいいし、ときに知人や遠くの親戚に季節の贈りものにもなる。こうしたことが、そこに暮らすひとりひとりの共通した認識となれば、自分たちのまちを暮らしやすく、みんなが楽しめる場にしようとイチョウの木を自分のまちの木として積極的に注目し、管理するかもしれない。ひとりひとりが関心を持ち始めた瞬間、木は市の所有物から、「みんなの木」

へと認識が変わる。クレーム対象だった臭いは、ギンナンを土にしばらく埋めておこうという知恵をどこからか引き出し、住人側の積極的な行動につながるかもしれない。おいしいギンナンは、自分たちで食べるだけでは余るから、親戚や知人に季節のお裾分けとして贈る方も出てくるかもしれない。

市が勝手に植えた木が、新しいまちのシンボルとして「みんなの木」となる。その段階で、そのまちの公共空間は、そのまちに暮らすみんなのものとなる。そこで、ある変革が生じることに気付いていただけるだろうか？ つまり「だれかのもの」が、自分も含めた「みんなのもの」になる。このことで、気にも留めなかった木がとても気になり始めるはずだ。公共にある物やその場が「だれかのもの」でなく、「みんなのもの」と意識すること、それが戸建住宅地を「自律共生型社会」に変える大きな意識変革の手がかりだ。

前述の市原市かずさの杜ちはら台は、住宅地内の遊歩道に柚子《ゆず》、ザクロ、ヤマモモ、ブルーベリー、キウイなど果実のなる木を植え、住宅所有者組合が自ら所有管理し、自分たちで収穫祭を企画したりする予定だ。

自律し、共生すること

「だれかのもの」を「みんなのもの」に変えることで、公共空間（パブリックスペース）

の意識のあり方が大きく変わる。そうした意識改革の上で、計画的戸建住宅地が目指すべきまちの姿とはどのようなものか？すでに述べたように、プレイスメイキング研究所は、それを「自律共生型社会」と位置づけようとしている。漢字ばかりで、イメージしづらいかもしれないが、ここでは、「自律」とはなにか？「共生」とはなにか？について簡単に順を追って述べてみたい。

まず、それぞれの意味について一通り定義してみよう。

・自律＝強制されない（干渉されない）こと。自らの意志（理性）による行為。ひとつのまとまりのあるシステム

・共生＝互いの利益を共有し、認め合える関係性。一定の合意形成された関係で成り立っている場や空間

では、具体的にそれぞれの考え方をみていこう。

自律した住宅地とは？

自律という語で、まず思い浮かべるのは、自律神経だろう。

自律神経は、『広辞苑』によれば「意志とは無関係に、血管・心臓・胃腸・子宮・膀胱・

内分泌腺・汗腺・唾液腺・膵臓などを支配し、生体の植物的機能を自動的に調整する神経」という意味がある。とくに意識しないでも、ひとつの系がひとつのシステムとして調整機能を備えている。暑い日は「汗を何リットルかこう」と意識しながら、汗をかくひとはいない。汗は、無意識のうちに適度にかくことで、体内温度が意志と関係なく調整される。

自律システムは、コンピュータシステムで使われる場合がある。鉄道などの公共交通システムは、ある程度までは、ひとの手を介さなくても、まるでだれかが操作しているように自律して動いている。

まちは、交通システムと違う。計画的戸建住宅地といったまちをひとつのシステムとして成り立たせている「自律」とはなんだろう？

自律といえば？

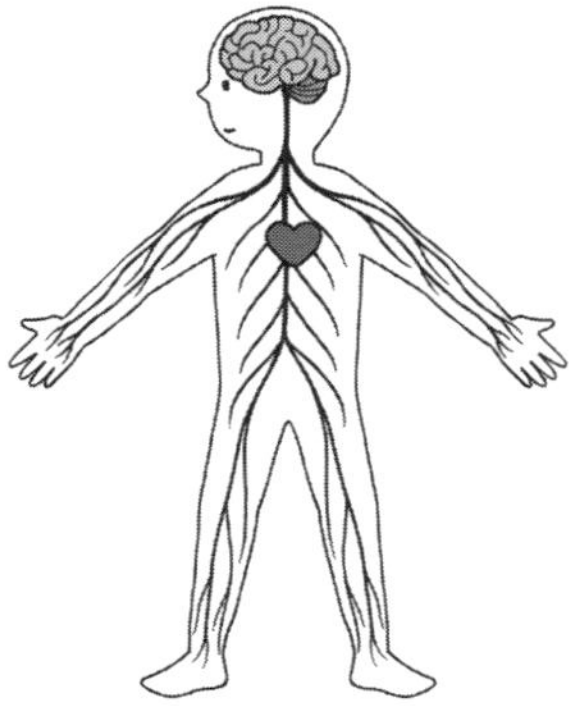

「自律」ですぐに思い浮かぶのが「自律神経」。
私たちの体は自律神経により体温調整や心臓の鼓動などが無意識のうちに規則正しく行われる

計画的戸建住宅地は、ゼロからのまちづくりだが、そこで、だれかが意識することなく、勝手に制御し、動き始めるシステムとは？そんな使い勝手の良いシステムは残念ながらない。したがって、まちづくりにおいては、自らの意志による行為と、そこに関わるひとの意志が大切になる。詳細は後ほど述べるが、ここでは住民が「意識的に」あるルールを合意する必要があるという点をまず指摘しておきたい。住宅地というまちに関わるひとが互いに合意したルール、またはそのルールに基づいて運営するためのまとまりを持ったシステムともいえる。ただ抽象的な話ではイメージできないと思うので、住宅地管理を例に具体的に話を進めてみたい。

「自律」と同音で、「自立」ということばがある。自立都市などと使われることがある。また、まちづくりにおいて「自立」は行政から独立するというニュアンスで用いられたりする。ひとに対して使う場合は、「自立しろよ」などという。他人にあまり頼らないで、いい加減、自分の責任で生きてみなさいという意味で、声をかける側は、かける相手との関わりを断ちたいという思いが、言外に託されている。これに対し、まちにおいての「自律」はお互いさまの関係だ。それぞれが、甘えるところは甘えていい。たとえば何か問題が発生したときに、予め決めた担当者ができないのなら、だれかできるひとが積極的に関わる。そのことで、やらなかったひとを責めない。ここで大事なのは、だれかが肩代わりするときに、だれかに命令されたからやったというのではないということ。つまりだれかに干渉されることなく、自らの意志で起こした行動という点だ。その行動が、そのひとはもちろん、そのまち全体の利益に結びつく。

まちが暮らしやすくなるのなら、だれが行うかは問題でない。よく、あるひとが率先しである行動を取って失敗した場合、「自己責任」という語でやたら追究される場合がある。失敗は、行ったことがそのひとのみの利益でなく、全体の利益を考えて行ったにもかかわらず、その人だけの責任に転嫁される。それは「自立」を前提としている。私たちが考える「自律」は、何かが生じる前にだれか代わりのひとが行動することで、問題が発生することを未然に防ぎ、またやらなかったひとの「自己責任」は、そこにかなり意図的な悪意がない限り追究しない。たとえ、問題が起きることが分かり、あやまちを怖れずに代わりに介入し、行動したひとがうまくいかなくても、まち全体が暮らしやすい環境になれば、それで良しとしたらどうだろう、という考え方だ。

共生するまちとは?

共生の定義として、「一定の合意形成された関係で成り立っている場や空間」とした。厳密にいえば、共生そのものに空間の概念は含まれないが、通常は共生の関係により成り立つ生物の生息環境、ハビタット（生息域）と同義で使われることが多い。私たちが対象とする「計画的戸建住宅地」も、まちという空間を対象としているので、あえて「場や空間」とした。

共生は、生物学などでよく用いられる。たとえば、教科書などに登場するイソギンチャクとヤドカリの共生は、ヤドカリが殻にイソギンチャクを乗せることで、タコなど捕食動物から食べられるのを防ぎ、イソギンチャクはヤドカリの殻に付くことで移動ができたり、ヤドカリの食べ残しをもらえる。まさにお互いさまの関係で、この場合は、双方の利益が共有しあえているので、共利共生、あるいは相利共生と呼ばれる。ただ、共生でも一方的に栄養分だけを吸収する寄生虫などは片利共生といわれる。ただ、寄生虫がアレルギーなどの免疫機能に役立つという研究もなされつつあるように、利益がだれのものかは相対的な基準で、その基準を何にするかで、片利共生が相利共生になることがある。私たちが、計画的戸建住宅地で目指すのは当然、互いに利益を共有しあえる関係を指す。

自律のところですでに述べたが、だれかができない場合、ほかのだれかが代わりにやる。その目的は、互いの利益があることが前提となる。

「自律」し、「共生」する社会は、「お互いさま」のコミュニケーションが成り立つ。「お互いさま」はあいまいで、境界がはっきりしない。経験知としての技、「練度」が求められる。

共生といえば？

プィ！
動けないが魚に強い
動けるが魚が怖い
スーパーヤドカリ

共生の例として知られるイソギンチャクとヤドカリの関係。
イソギンチャクは、動けないけど毒針があるので魚は食べない。
ヤドカリは餌を取るために自由に動けるけど、魚に食べられる。
イソギンチャクとヤドカリがいっしょになれば魚に食べられずに、
餌もたくさん食べられる「スーパーヤドカリ」が誕生する

2節

自律共生型社会への問題提起

お互いさまのいい関係への視点

計画的戸建住宅地、自律共生型社会というと、漢字ばかりでなんとなく難しく感じられがちだ。そもそも、私が自律共生型社会を考え始めたのは、アメリカの住宅所有者組合のHOA（Home Owners Assosiation）による資産価値を高めるための住宅地管理のあり方に出会ったときからだ。アメリカのHOAは、何度か既述したので、ここでは詳しく述べないが、住人は電話帖より厚いマニュアルに基づいて生活する。まちの管理は、資格を持ったタウンマネージャーが管理し、マニュアルに定められた規則に違反すると、イエローカードや罰金が科せられることがある。ここまで厳格に管理を行う背景は、住宅は資産で、暮らす家である以上に、売買対象という考えがある。私は、この管理方法が日本に合うのか疑問を抱いた。もちろん、美しいまちなみは、暮らして快適だし、外からの来訪者を気持ちよく迎えてくれる。しかし、分厚いルールブックをいちいち気にしながらというのは、暮らす上でかえって窮屈なのではないだろうか？　もっと、住むひとが自分たちのルールで、日本人の意識に潜在的にあるお互いさまの関係が活かせないか、考えるようになった。

厳格なマニュアルの管理でなく、お互いさまで分かり合える社会システム、そこを意識し始めると、日本には明文化されていなくても、またはだれかに命じられなくても、熟練した練度によりなんとなくうまく自律し、利益を共有しあえる社会、つまり自律共生型社会があることに気付いた。ただ、それを現代社会にどう活かすか、私自身もまだ明確にできないでいる。ここでは、戸建住宅地で実践してきた管理運営手法からどうすれば自律共生型社会に近づけるのか、そのために日本文化が培ってきたキーワードを提示し、ともに考えたい。たとえばそのひとつが、お好み焼き文化だ。

お好み焼き文化は、自律共生型社会だった

もともと日本人は、「自律」「共生」の概念を慣習として持っていたと思う。私は、関西で生まれ育ったが、お好み焼き屋店主と客との関係は、自律共生で成り立っている。

お好み焼き店では、客は店主に干渉されることなく、鉄板を使い、自分で焼くことが暗黙のうちに了解されている。したがって、鉄板のうえで、焦げ付かさないように、どう焼くかは、客側の自由だ。客は自分の練度にしたがって、自分の好みでお好み焼きを焼くことを楽しむ。もちろん、店主はまるで無関係ということではなく、鉄板の温度が適温かどうか目を配り、客の練度はどの程度か、あまり経験がなさそうだったら、適宜アドバイスして焼くことに介入するかもしれない。

つまり、客はお好み焼きを焼く上で、だれの指示を受けることなく、つまりだれかに「強制」されることなく、自らの意志で、焼くことで「自律」している。

店主は客に具材と焼く場を与える、焼くのは熟練した客の練度に任せることで多少コストを抑えられる。客は安くお好み焼きを食べられるのだから、自分で焼くことで店主と互いに利益を共有しあう、つまり「共生」している。

どうだろう? 大阪の食い倒れという安く、おいしい食文化を成り立たせる暗黙知として「自律」「共生」関係があったことに気付いてもらえるだろうか?

ここで大切なのは、ルールがどこにも明文化されていないということだ。せいぜいお好み焼きのメニューと料金が示されている程度で、焼き方などルールがどこにも書かれていない。だからといって客はすべて好き勝手にしていいわけでない。

客は、店主の目を意識しながら、周りの客に迷惑にならない程度の声の大きさで連れと

自律共生型社会はお好み焼き文化 !?

自律共生型社会というと、堅苦しくて、イメージしづらいが、自分たちで好みに応じて焼き加減を調整しながら焼くお好み焼き店を連想すると分かりやすい。店主は客とほど良い関係を保ちながら、ときに介入し、客を見守っている。そうすることで、コストも抑えられ、客も店主も双方にメリットが生まれる

の会話を楽しみながら、お好み焼きを味わうかもしれない。当然、油がかかったりするので、客は来店する時には、ある程度汚れてもいい服装で来店する。最近は紙エプロンを用意している店もあるようだが、油が飛び散ることは本来、暗黙の了解で、髪や服に臭いが移ったり、油で服が汚れたりというのは、織り込み済み事項だ。むしろお好み焼き店に、ドレスアップして来る客や、臭いが移ったといってクレームをつけるような客は、常識のない客、ルールを知らない客ということになる。

ある仕組みを「自律」「共生」で成り立たせるには、暗黙の了解のもとに、あいまいさを容認しなくてはならない。それには、経験を積み重ねた練度が前提となる。

しかし、ファーストフード店をはじめさまざまなところで、マニュアル化によるサービスが広まるなかで、あいまいさを残した飲食店はかなり少数派となってきている。お好み焼きでいえば、店のどこにも客は自分で焼いてくれとは書いていない。それは、客との暗黙知として成り立っているからだ。もちろんどの程度の焼き加減が最適かは、客の好みや練度に左右される。具はどのタイミングでかき混ぜるのか、ソースをどの程度掛けるのかなど細かな作業工程は書かれていない。そのひとの練度に任されている。

ところが、そのルールを知らない客が来て、焼くのに失敗して、その原因が焼き方がどこにも書いてないことにあり、今の時代に非常識だとクレームを付けた段階で状況は変わる。店主は、自分の信念を曲げるか、古くからのしきたりを押し通すかの選択を迫られるが、たいがいは客を無視するわけにもいかないから、メニューに焼き方を載せるか、店側で焼いたお好み焼きを提供する方針に変えるだろう。

すべて店側で用意し、お膳立てしてくれるサービスが分かりやすく、効率的で、お好み焼きの練度の少ないひとでも気軽に来店できるから、より時代に合ったサービスといえる。それが時代の要請となったとき、昔ながらのあいまいなお好み焼き文化を好む者は、どこかさびしさを抱くかもしれない。そこまで大げさな問題か？といわれそうだが、ここで問題にしたいのは、消えゆく文化を惜しむことでなく、暗黙知を前提に成り立っていた社会の在り方が、見方を変えれば、まちづくりや戸建住宅地のより良いあり方として、もう一度光を当たらせることができるのではないかという点だ。

たとえば、客から焼く場を奪い、お店側で焼くことになった場合はどうだろうか？

そこにお互いさまの関係はなくなり、客はメニューから値段に見合った品を選び、その料金を支払うだけで、店主の忙しさや顔色をうかがわなくなるに違いない。一方で店側は、焼く手間が増えるが、本来ならばその分の手間のコストをお好み焼きの値段に反映させなくてはならない。しかし、現実は、競争社会で、そのコストを転嫁できるかというと、だれもが親しめる庶民の味を提供し続けるためには、なかなか難しい。たとえばマニュアル化し、アルバイト店員などだれもが焼けるようにして回転率を上げることでコストの吸収が図られるかもしれない。ひとりで店を切り盛りしてきたことで生まれる店主と客との会話は、当然少なくなる。ここでは、完全にサービスを提供する店とサービスを受ける客だけの関係になり、そこにあいまいさは入り込む余地はない。

あいまいさは日本の欠点か？

あうんの呼吸というか、一定の暗黙知を認めあいながら、互いがぎすぎすせずに暮らすには、そこに相手の気持ちをおもんぱかる技の練度が必要となる。それは、マニュアルでは表現できない、たとえできたとしてもかなり分厚いマニュアルとなり、実用性をもたないものとなる。

現代の日本では、あいまいなものはトラブルの発生につながるマイナス要因として排除される方向にある。その典型がファーストフード店だ。マニュアル通りに作り、提供するハンバーガーショップは、徹底的なマニュアル管理により、コストを抑え、利益を最大にするようになっている。

あいまいさのなかで受け継がれてきたものをすべてマニュアル化することは、難しい。たんにコストだけの問題でない。互いのコミュニケーション、意思疎通の決定的な欠如をもたらす。たとえば、お好み焼きの焼き方は、だれから教わるのか？練度はどのようにかたちづくられるのだろうか？最初は、焼き方を知っているひと、親、先輩などについて行って教わる。教わることは、焼き方だけでなく、店主とのやりとり、コミュニケーションの取り方だという点も忘れてはならない。

実は、暮らしに必要な暗黙知のほとんどは、家庭内や地域社会で、伝えられてきた。その役割を担っていたのは、父や母などの親よりも、その親、つまり祖父母であり、地域の年上の子供や他人（頑固親父やごうつく婆さんや年上の子供）だ。それが、第二次世界大戦後、核家族化が進み、両親共働きの家族のあり方が普通になった。地域で年齢を異にした子供同士で遊ぶよりも、同じ年齢同士で、家のなかで遊ぶことが増え、地域の目が届かなくなっていった。このようにして、地域社会を自律させ、共存させるためのあいまいな暗黙知が失われて来た。もちろん、三世代家族が良かった、そこに戻すべきだというつもりはない。たんに懐かしさだけを強調するつもりもない。

たとえば、戸建住宅地で、みんなでまとまって餅つきをしようという場合、世代的にも若い世代が中心となると、餅をつくのにどんな道具を使い、材料をどこから仕入れ、どの調理器具を使うのか、いったいどうやってつくのか、まずそこが問題となる。そのひとつひとつを調べることから始めるしかない。そして、実際に準備が整った段階で、だれがどの役を担うのか、それは話し合いで決めるのか、くじびきか、いずれも民主的なはっきりしたルールが必要となる。

これが、古くからの集落だったら、たいがい餅つきの道具を持ち、つき方も心得た古老がひとりやふたりはいる。その古老が年老いてつけないのなら、遠くから見守り、若い者達が、昔ながらの方法で、自然に始まって自然に餅がつき上がり、自然に片付けて終わる。つき上がった餅は良いあんばいに配分され、それぞれが持ち帰るかもしれない。配分に多い少ないがあって不満が出るかもしれないが、古老の立場があるので我慢するかもしれない。つまり暗黙知があり、あいまいな部分を残しながら、餅つきは自律して行われ、集落の住民は共生してきた。

もう一度繰り返すが、昔がすべて良いとはいわない。実際、集落の慣習は面倒臭いし、配分を巡って古老の顔色をうかがうくらいなら、新しいまち、都会に出て他人を気にすることなく暮らしたほうが自由で、便利だ。こうして、日本は合理的で効率的な核家族を基本として成長を遂げてきた。自由で効率的な尺度でなく、別の評価、地域で子供を育て、見守るという点から、三世代家族を中心とした集落を再評価したらどうなるだろう?

子供は父母から叱られることよりも、一世代上の祖父母に叱られるほうが、自分の非を認めやすい。祖父母は、たんに年老いているだけでなく、家とともに伝わってきた知恵や歴史などの伝承者として尊敬の対象でもあった。また、異年齢で遊ぶことで、年齢の下の者の小さな失敗はとがめられることなく見逃され、年齢とともに責任がともなうので、大きな失敗をすることなく社会のルールを知り、受け継いでいける。ときに、祖父母や地域社会での他者との関係は、親と子という二者間で解決できないトラブルに判決を下し、ときに和らげる緩衝帯にもなっていた。

しかし、過疎化が進展し、地域で子供を見守りながら育てるというのは、なかなか難しい問題を含む。一方で、計画的戸建住宅地で地域全体であいまいさを残しながら、お互いさまのまちづくりをするのもまた簡単なことでない。

あいまいさを認めない現代社会の課題

あいまいな部分を取り除き、そこを明確にするとどんなことが起きるか。ひとつは、境界、エッジがはっきりする。

土地所有ひとつとっても、かつての土地の境界はけっこうあいまいだった。ところが、土地から税金を徴収しようとなると、境界ははっきりしないわけにいかない。

私は前職で現場監督をしているとき、土地の所有者ふたりの間で、土地の境界に杭を打つ場に立ち会った。どこに、杭を打つかは、大変重要なことで神経を使う。１㎜でもずれれば、地価や税金が変わってくる。

たいがいは、測量士がトランジットという測量器をのぞいて、ポイントを提案する。私の役割は、測量士が定めたポイントで良いかどうか、境界点を両者に立ち会ってもらい、「ここでいいですね」と念を押す役目だった。両者の了解が得られれば、境界の杭が測量士により打たれる。私は、おおげさにいえば、その現場を見届ける役割だ。

境界は土地や地域だけでない。法律は、条文として書かれたことが基本となる。条文に書かれていないことは裁判をし、その判例が基本となる。世の中のあいまいなものは、法律や判例によって明確にされ、だれもが納得し合意が得られる。これが法治国家で、近代国家の要だ。つまり、専制君主の顔色ひとつで決まるあいまいさを排除することで、明確な民主主義国家としての基準が生まれた。立憲主義に基づいた民主主義社会では当然だ。

しかし、法律ですべてが決められるわけでない。それこそ、分厚いマニュアルのように、条文をすべて読み込み、それに基づかなければならなくなったら、とても生きづらくなるし、どこか喜劇的だ。

法律はいざというときに権利を守るためにあるのであり、一定の義務を果たしている以上、他人の権利を侵さない範囲であれば自由に自分の権利を行使できる。どの範囲まで、法律で境界を明確にするか。それは時代やどのような社会を作るか、その共通の価値観による。

たとえば、個人情報保護法という法律がある。銀行口座や経歴などプライバシーは当然守られなくてはならない。一方で、現実問題として生じているのは、学校のＰＴＡや自治会などの連絡用の名簿が、個人情報保護法により作れなくなっているという点だ。

名簿は、管理を徹底すれば良いのだが、１００人のうち１人が名簿を売ってしまったら、

エッジの立った現代社会、境界の決め方でいうと

エッジ、境界をどう決めるかは大切だ。
たとえば測量機器などが発達していなかった時代は木などが境界の目印に使われていた。その分、あいまいで、それが土地境界を巡る争いを生んだりした。ミリ単位で決められる現代は、土地の境界ははっきりさせ、双方が納得できる。ただ、こと人間関係に明確さを求めすぎると、ぎすぎすする

個人情報が漏れる。そのリスクをとるよりもだれも責任は取りたくないし、取れないなら、作らないようにしようとなる。

あいまいさを認めずに、エッジの立った暮らしは、どこかぎすぎすする。骨と骨との間の軟骨がないような感じ。かくかくと動き、熱を帯び、傷つけ合う社会。そこでは、リスクはなるべく避けることが、おとなしく生きる上で大切な知恵となる。

前述した自己責任の追究は、このようにエッジの立った社会が背後にある。

なにか挑戦したり、こんなことをしたら世の中を面白くした

り、だれかを助けるには、一歩踏み込んでリスクを覚悟の上で挑戦したりする必要がある。そうした挑戦は、うまくいっているときはだれも文句はいわないし、場合によっては共感を生む。しかし、リスクが生じ、他人に迷惑が及んだ瞬間、「自己責任を取れ」となる。何かに挑戦したという勇気よりも、失敗したときの「自己責任」を恐れる社会は硬直化する。とくに、新しく生まれた計画的戸建住宅地は、知らないもの同士の関係から始まるので、エッジを明確にするルールづくりが行われがちだ。しかしそうなると、ぎすぎすした関係となり、まち全体が硬直化し、小さな誤りを指摘しあう住みづらいまちになりがちだ。これを避けるヒントが、昔ながらの入会《いりあい》の仕組みにある。

あいまいさを活かした入会の管理から学ぶ

境界は、一定程度あいまいなままのほうが暮らし安く、互いにとって距離も取れ、そこが有益な場になることがある。

日本人は、よくあいまいな民族といわれる。いわく、第一人称の「アイ（I）」を明確にしない、「イエス（Yes）、ノー（No）」をはっきりいわないなどなど国際的な場において自己主張しない日本人が、何を考えているか分からないということは、私が述べるまでもなく、いくたびも、いろいろな方が指摘してきた。ここでは、日本の伝統的な里山の管理手法に見られる「入会《いりあい》（入会制）」、つまりコモンズにおいて、あいまいさが有効であったことを指摘しておきたい。

公共空間（パブリックスペース）やその場を永続的に維持管理するための入会の仕組み、コモンズは、たとえば、日本の里山では雑木林やアカマツ林などの入会地という語に表れている。コモンズによって管理される土地、入会地は、里と里との境界で、私の暮らす茨城県南から県西は平地が広く、ヤマと呼ぶ雑木林が広がる。

雑木林は、厳密には、クヌギやコナラの雑木のほかに、アカマツ林がある。雑木林は畑に入れる肥料や馬や牛といった家畜の餌となる草などを刈る場であり、炭材を採取した。またアカマツ林は燃料、薪にするための供給地だった。また、湿地帯や川原も入会地で、そこに生えるススキやアシなどの萱《かや》は、屋根材料となった。これらは、たとえば畑や水田が個人所有なのに対し、集落での共同管理である点に特徴がある。

入会地は、集落と集落の境界にあり、だれか個人の私有地ではなく、集落の共有地、公共空間だった。江戸時代は、入会地がどの集落のものかを決める裁判が行われ、その争論のための絵図が残されている。境界はあいまいさが争いの原因ともなったということだが、逆にいえば、集落と集落の境界は明確でなく入会地が干渉地帯のように広がっていたことが分かる。さらに、興味深いことに、その入会の決まり、つまりいつどのタイミングで、だれが使うのか、それはあまり明文化されることなく、世代を超えて受け継がれてきた一定のルールで、行われていたという点だ。ところが、入会地の合理的な経済的な価値が失われた瞬間、入会の管理が行われなくなり、機能が失われ、そのことで自然生態系が維持されなくなり、さまざまな問題が生じるようになった。

これまでひとの手で刈られた雑木やアカマツ林は、肥料を金肥でまかなうことで必要なくなったため下草は刈られず、薪炭も利用されなくなったことで枝は伸び放題、大きくなり過ぎた木は台風などで倒れたりする。アカマツ林は松食い虫（マツノザイセンチュウ）などの被害にもあい、見る影もない。見通しの良かった雑木林は、シノや竹が生え、荒れ果てる。当然、そこにいた生き物は姿を消し、ごみなどが投棄されたりする。

2章で少し触れた経済学者の宇沢弘文は、入会制、コモンズは、社会を構成する大切な「社会的共通資本」と位置づけた。宇沢の掲げる「社会的共通資本」とは、「自然環境だけでなく、社会的インフラストラクチャーあるいはいわゆる社会資本を包含し、さらには教育、医療、司法などという制度をも含めた概念」で、それまで経済学が対象としなかった歴史的に受け継いできた社会資本を経済学の価値としてとらえた点で、評価されている。

宇沢は、里山の自然として近年評価がされつつある日本の入会、コモンズについて、「自然環境の概念を拡大して社会的共通資本という、より包括的な概念範疇のなかで、分析を進めることが必要」と指摘。所有権があいまいで、前近代的な制度として批判されてきた入会について、3つの観点から、評価を加えている[1]。

下草が刈られ手入れされた雑木林

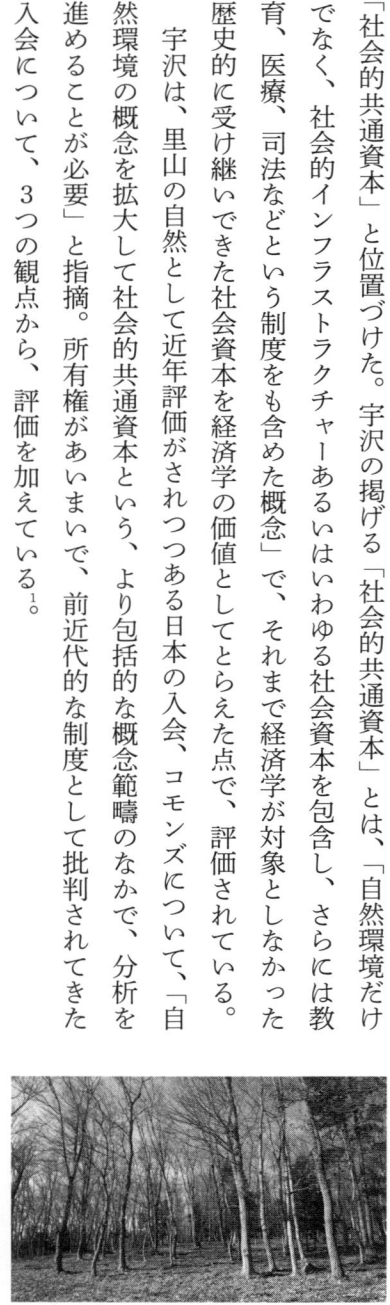

・入会は、だれにでも開かれたオープン・アクセスが前提でなく、ある特定の集団あるいはコミュニティにとっての「共有」であって、その集団ないしはコミュニティに属さない人々にとって、コモンズへのアクセスは不可能＝アクセスの制限

・入会のルールは、完全な利己的動機に基づき、常に個別的な便益の最大を求め、社会的な行動規範ないしはコミュニティの規約には制約されない自由きままなものでなく、歴史的に定められたルールにしたがって行動する＝明文化されないが一定のルールによる行動規範

・コモンズの希少資源は必ず過剰に利用され枯渇するという原則、いわゆる「コモンズの悲劇」に対し、コモンズの概念はある特定の人々の集団あるいはコミュニティにとって、その生活上あるいは生存のために重要な役割を果たす希少資源そのものか、そのような希少資源を生み出す特定の場所を指すのであって、その管理は国家権力を通じて行われるのでなく、コモンズを構成する人々の集団ないしコミュニティから信用を受けた「フィデュシアリー（fiduciary）」のかたちで行われる＝自律であり共生

宇沢の入会、コモンズの評価は、産業革命以降、近代合理主義的な効率化のなかで、前近代的、非効率的なものとして法制的、社会的、経済的に排除されてきた社会的共通資本の再価値化を行い、それを理論づけたものだった。つまり、社会資本として維持されてきた入会地がどちらの集落のものなのか境界争いはあったものの、里山の自然といわれる入

会地は、基本、他から干渉されることなく、強制されずに、自らの意志で、管理した。そのことで、ひとと自然とが互いの利益を分け合うお互いさまの共生関係が維持されてきたことが経済学的にも意義づけられたと言っていい。

伝統的なコミュニティに風を送るには

私たちが常日ごろ関わっている計画的戸建住宅地は、一見すると、里山の自然とほど遠いように思われる。しかし、そこに暮らすのが、おなじひとであり、家族であり、まちという地域社会である限り、だれのものでもない空間が存在し、私有地と私有地の間、境界には共用空間が生まれる。であれば、そこを入会とみなし、住民たちで自律し、互いに暮らしやすい関係、つまり共生を見出すことは有効なのではないか。これが私たちが目指す、自律共生型社会に近い。ただ、入会を維持してきた社会の管理システムはそのまま活かせない。それは、伝統的なコミュニティ組織の自治会を考えてみれば分かる。

任意加入の自治会は、忙しい時代、入らなくて良いということが分かった段階で、面倒なことに首をつっここむのは時間、つまりコストの無駄として敬遠されるようになった。

こうして慣習として守られ、受け継がれてきた地域コミュニティ、たとえばＰＴＡ、自治会などは今まさに問い直されている。

合理的に、メリット、デメリットをてんびんに掛けたとき、自治会はおよそメリットが少ない。にもかかわらず、自治会と同じような役割ながら、戸建住宅地で強制加入の住宅所有者組合のニーズは高まっている。少なくとも私たちが、運営をお手伝いしている住宅所有者組合においては、組合があることをさまざまな面で役立ててもらっている。あえて行政が働きかける自治会との違いを述べれば、自治会はともすると回覧板に代表されるように行政の上意下達の伝達手段のようにイメージされやすいのに対し、私たちは、そのまちに暮らし始めた住民同士が、互いの意志疎通を通して自分たちで課題を解決したり、共有空間を維持管理したりして、自らより住みやすいまちにしようとしていることにある（実際は自治会だって行政と一線を画して活動しているところもある）。つまり、そこで家を建てて住むということは、住宅所有者組合に入ることが前提であるとはいえ、だれかに命じられたからそうするのでなく、自律して、ともに良い住環境や互いがよりよい関係、つまり共生社会を生み出すことを目標にしている。

多数決は最良の民意を測る方法か？

私たちが運営を支援している住宅所有者組合でも、自治会と同じく年1回の総会がある。役員は任期制で、通常は1年で役員が交代する。当然、役員を決めたり、その年の活動などは総会で決めたりするし、民主的な方法として多数決を行う。それは、不公平をなくし、平等にすることが目的だ。しかし、ときに多数決は、だれかに責任を預ける場合に使われる。たとえば、ある催事を行うことを決めるとき、それをやるかやらないかを決めるとする。それでだれかが得をするわけでもないし、やるという意志表示をすれば、「いいだしっぺ」として、役を押しつけられることがある。だったら、やらないことにしよう。通常、このような場合、多数決を採れば、否決され、やらないことになる。

役員を決めるときも同じだ。やりたい人が自ら手を挙げるよりも、平等にするためには、役回りを当番制にする。または、くじ引きにする。合理的だし、公平だ。

しかしある程度、大人数の社会では、多数決は合理的だが、こと数十戸の住宅地だったら、とことん話し合い、互いの合意を見出すとしても、さほど手間ではない。これが顔の見える戸建住宅地というコミュニティならではのメリットだろう。むしろ、賛成、反対のそれぞれの意見を互いの立場で考えるという民主主義の原点を実践する場ととらえ、そうすることで、多様な価値感に気付くことができる。

「ほんとうにそれでいいんですか？　だいじょうぶですね？」

ある程度意見が出尽くした段階で、私はこの問いを投げかける。この念押しを経た後の多数決は、ありだろう。でも、意見を互いに出し合うプロセスがないまま、いきなり多数決での合意形成は、避けている。そのプロセスこそが顔が見えるまちにとって、当然かけるべきコストだからだ。そこを経ることで「自律」した「共生」関係が生まれる。「自律共生型社会」の理想は、一度合意形成されると、だれかが強制することなく、ひとりひとりの意志により活動が行われる。そして、互いの利益が生まれ、持続的に維持されていく。こうした関係が蓄積していけば、ある程度のあいまいさを残したまま、良い関係が生まれるはずだ。そこでは、まちをうまく運営する技、練度が蓄積されていく。また、たんに戸建住宅地だけでなく、多数決に至る前に合意形成を重視するプロセスは、小さなコミュニティ、ＰＴＡや自治会、ボランティアグループで有効だと思う。

理事会はまち育てのワークショップ

総会で役員が選出されると、その役員、理事たちの集まりが定期的に行われる。立候補し理事になったことが、まちにもその方自身にとっても良かったと思えるか、そして別の方が次の総会で、自ら理事に立候補しようと思えるか、それは、定期的に開かれる理事会の運営方法が充実したものになるかどうかにかかっている。

私たちは、住宅所有者組合の理事会をワークショップと位置付ける。ひとりひとりは当然ながら、さまざまな個性が集まる。キャリアも、社会的地位も異なる集団だ。だが、会社内での地位や身分は、基本的に住宅所有者組合では意味をなさない。理事会は、理事長、副理事長、書記、会計、監事など理事の役割ごとに立場はあるが、基本は対等だ。その意味で、同じまちに住み、暮らしやすく、快適なまちにするためのアイデアを対等に意見交換できるようにしている。そこに、ひとりひとりの持っている個性を発揮してもらう。

私たちは、理事会にオブザーバーとして参加させてもらうが、それぞれの個性を見極め、このアイデアを形にするためには何が必要でしょう？と質問する。祭りで、餅つきをやろうとなったとき、子供のころに経験した方、臼ときねを持っているひとを知っている方などなど問いかければ、ひとりひとりの引き出しが開き、そこからいろいろな提案が引き出せる。私たちが知らないこともいっぱいある。

理事会というワークショップで、一番学ばせてもらっているのはわれわれなのではと思う。ここで学んだことが、別の住宅所有者組合の理事会などでも役にたったりするのだ。押しつけられ、順番で回ってきたのだからといやいややるのでなく、自ら納得し、積極的に組織に関わることで、自らこのまちを良くしようという考えが生まれ、それがひとつひとつ形になっていくことで、実際にまちが生き生きする。それが積み重なれば、そのまちの財産となり、自律共生型社会としての練度につながるはずだ。

家は社会の窓、まちは社会の学校

これまで、私たちが、戸建住宅地で実践する上で、基本とし、目指している「自律共生型社会」について、述べてきた。しかし、目指すべきところは高く、遠い。なかなか現実は、そう簡単でなく、矛盾に満ちていて、一筋縄でいかないものだ。

ある時、私たちが管理している戸建住宅地の家の方から話したいことがあるというので呼ばれた。お話をうかがうと、住宅所有者組合のやり方がおかしいという。管理費をとっていながら、まちが住みやすくなっていないというお叱りだった。

この方は、住宅所有者組合の管理費を徴収している以上、運営を代行しているプレイスメイキング研究所が、一から十まですべて管理運営してもらえると誤解しているようだった。私たちが関わるのは、あくまでも住宅所有者組合が自主運営する上でのお手伝いで、そのためのノウハウの提供だ。あくまでも主体は、おひとりおひとり、1軒1軒のお宅だ。

じっとその方の話を聞いているうちに、その方の不満はまちの運営にあるのでなく、その方の話を聞いてもらえない家庭環境にあることが少しずつ見えてきた。

ことほどさように、こうしたクレームというか怒りの声は、問題解決という結果を望む以前に、自分の声を聞いてもらえないいらだちに起因していることが多い。また、クレームの根っこを理解しないまま、当面の課題を解決するうわべだけのクレーム対応をすると問題がより複雑になり、本質が見えなくなる場合がある。

各家庭内の意志疎通が行われなければ、まちの意志疎通などかなうはずもない。ここに難しさと同時に、やりがいを感じる。

こうしたとき思うのは「家は社会の窓、まちは社会の学校」ということだ。

1家族の構成員が4人をモデルとして日本の政策は動いている。年金や社会保険などの制度をはじめ、将来的なまちにおける学校を建てる建てないの基準、GDPの単位においてすら1家族4人が基本となっている。実際は1家族4人がもはやモデルにならないことは、すでに指摘したが、豊かな国土をつくるために、男性だけでは足りず、女性も平等に働くことが求められるようになると、母親が家庭にいて、子育てする家族像は崩れつつある。ならば地域で子育てをといわれても、その手法や組織は？

経済格差、離婚による母子家庭による貧困問題、高齢化社会、そして地域間格差による過疎化と空き家問題などなど、さまざまな世の中の課題が家庭にも影響し、その総体としてのまちにおよぶ。地域だってあまりにも多くのことを求められても、できること、できないことがある。

もちろん、「夢のマイホーム」として移り住んだ戸建住宅にも、日本の社会構造の影はおよぶ。私たちが提案する「自律共生型社会」は、ひとつの理想像で、それら社会の課題を解決する万能薬ではない。しかし、家庭内でいえば夫婦関係、子供との関係。まちでいえば、お隣との関係から自治会まで、さまざまな課題が見えたときに、その問題がどこから生まれているのか。個人の心の悩みの根っこでは、社会に問題があるかもしれない。まちの問題、たとえば、ごみが道路脇に散乱しているといった小さな問題ひとつにしても、そのごみをだれが持ち込んでいるのか、どうして捨てられるのか。それに対して「ごみをすてないでください」という看板を立てるのか、それともどうしてごみが捨てられるのか、その背景まで語り合ってみると、深くて複雑な社会問題が見えることもある。大切なのは、ひとりひとりがそうした問題に向き合うことだと思う。それが、家庭内、あるいはまち全体で共有化できたときに、その対処方法は見えてくる。そして、解決に向け、半歩歩みだすことができるのではないだろうか。

私たちが取り組んでいる計画的戸建住宅地は、新しいまちで、伝統的なまちに比べたら深みはない。しかし、その根底にある住民間の意志疎通に、日本が大切にしてきた考え方を応用させてもらっているし、そのことをほかのコミュニティにも応用できればエッジの立たない互いを思いやれる地域社会に近づくのではないだろうか。それが、有効であることを知っていただき、多くの方に気付いていただければと思う。

【註】

1　宇沢弘文『宇沢弘文の経済学－社会的共通資本の論理』(日本経済新聞出版社、2015)

おわりに

本書を執筆するにあたり、開発事業の関係者の皆様や、実際に戸建住宅地にお住まいながら、管理活動を継続されている方々から、多くの知見をいただきました。「戸建住宅地管理論」と仰々しいですが、これまで、一緒に活動させていただいた皆様の気づきの集積だと考えています。この場を借りて、お礼申し上げます。

戸建住宅地を管理するための理事会には、多種多様なお仕事の方や、年齢も違う方々が集まります。理事会は、平日に働いている方が多いなかで、土日など休日に開くこととなりがちです。生まれ故郷や価値観などバックグラウンドの違う方々が、自らの住まいの環境を良くするという共通の目的のために、休日の大切な家族の時間を少しずつ出し合い、顔を合わせ、話し合う、とても貴重な時間です。

我々は、理事会をワークショップと呼んでいます。そこに参加させていただくことで新たな気づきを学ばせてもらい、また実際の活動に関わらせていただき、ときに活動を見届けてきました。このワークショップから生まれる、アイデアや意見は、いつも、新鮮で、また役立つ知見に満ちています。

ここでの課題や指摘は、たんにある戸建住宅地に留まらず、より広いまちづくりの参考になると確信します。

なぜ？どうすれば？の疑問や改善策は、まちづくりの知恵であり、そこから生まれる、維持管理や運営方法を共有することで、まちはひとりでに動き始める。戸建住宅地を通して、その瞬間を何度も見させていただいて、立ち会ってきました。それは、まちづくりというより、まち育てだと感じました。このワークショップで得た知恵をぜひ多くの方と共有できれば、そんな気持ちから本づくりが始まりました。

少しずつ、気持ちや時間を出し合い、まちを自分たちのものとしていく活動は、まさしく、自律した人々が共生する社会だと思います。

本書では、「自律共生型社会」を副題として、皆様から預かった知見をまとめさせていただきました。

執筆にあたり、粘り強く相談に乗っていただき、素材集めから、原稿回収まで、一貫してサポートくださった結エディットの編集長、野末琢二さんに感謝とお礼を申し上げます。

平成29（2017）年9月9日

温井　達也

索引（た〜わ行）

【な】

【は】

索引（あ～か行）

温井 達也（ぬくい・たつや）

株式会社プレイスメイキング研究所代表取締役。

1973年、兵庫県生まれ。

2004年、筑波大学芸術学修士課程環境デザイン修了（デザイン学修士）。

日本型 HOA 推進協議会事務局長。

戸建住宅地における住民主体の維持管理について、プレイスメイキングの考え方を基に研究と実務の両面から取り組んでいる。

そこから生まれた「自律共生型社会」の概念を戸建住宅地から地域社会に広げていくためにさまざまな活動を行っている。

http://www.placemaking.jp/

茨城県つくば市葛城根崎 1 番地 〒 305-0824

自律共生型社会による－**戸建住宅地管理論**

平成 30（2018）年 2 月 19 日　初版発行
ISBN 978-4-901574-14-3
本体 2,500 円＋税

著者　温井達也＋プレイスメイキング研究所まち育て事業部

発行人　野末琢二
発行所　結エディット　茨城県つくば市葛城根崎 1 番地 〒 305-0824
TEL・FAX 029-869-5550
http://yui-books.com

編集・DTP　野末 たく二（結エディット）
表紙　福井 健（エムエー・クリエイションズ）
イラスト　小沢陽子